数智经济：
5G+AI 时代商业新思维

杜鸣皓　著

中国铁道出版社有限公司
CHINA RAILWAY PUBLISHING HOUSE CO., LTD.

图书在版编目（CIP）数据

数智经济：5G+AI时代商业新思维 / 杜鸣皓著. —北京：中国铁道出版社有限公司，2021.11

ISBN 978-7-113-28045-1

Ⅰ. ①数… Ⅱ. ①杜… Ⅲ. ①信息经济-研究 Ⅳ. ①F49

中国版本图书馆CIP数据核字（2021）第112563号

书　　名：数智经济：5G+AI 时代商业新思维
SHUZHI JINGJI：5G+AI SHIDAI SHANGYE XINSIWEI
作　　者：杜鸣皓

责任编辑：巨　凤　**编辑部电话：**（010）83545974　**邮箱：**herozyda@foxmail.com
特约策划：吴素珍
编辑助理：魏　明
封面设计：仙　境
责任校对：孙　玫
责任印制：赵星辰

出版发行：中国铁道出版社有限公司（100054，北京市西城区右安门西街 8 号）
印　　刷：三河市宏盛印务有限公司
版　　次：2021 年 11 月第 1 版　2021 年 11 月第 1 次印刷
开　　本：700 mm×1 000 mm 1/16　**印张：**15.5　**字数：**212 千
书　　号：ISBN 978-7-113-28045-1
定　　价：59.00 元

从“数字经济”到“数智经济”一场轻资产驾驭重资产的商业跃迁

2020年始，互联网数字经济将驶向更高的“数智经济”发展阶段，在新的“5G+AI+物联网”技术叠加的催化下，互联网虚拟世界将探出无数只手，向现实的物理世界深度触摸，并对物理设备和实体经济智能操控，一个崭新的智慧商业时代正在破土而出。

本书旨在讲述新兴互联网商业从“数字经济”迈向“数智经济”的商业跃迁中，智慧商业将如何引爆新一轮产业大变革。书中将从“新经济、新规则、新趋势、新巨头、新视野”等五个角度，全景展现即将到来的数智经济时代里新兴商业会怎样发展；新兴管理要适应何种规则；创新创业有何种机会；哪些巨头将迅速崛起；普通人如何赢在数智经济等核心问题，可以说是全面立体剖析了未来数智经济的“五大横切面”。

2020年是世界经济新一轮产业大变革的起点之年，“5G+AI+物联网”将持续全链路变革人机生产力，倒逼企业向更高的智慧商业体进化，市场洗牌将比以往更为惨烈，以此为起点，传统基于牛顿机械控制论的经济学理论将逐一失效，新的建立在生物涌现论的量子新经济方法论呼之欲出，互联网智慧商业将从“数字经济”向更高阶的“数智经济”跃迁，数智化的轻资产将会驾驭物理性的重资产。

以2020年作为一个标志性的分界点，经济社会将向轻资产时代急速转向，新兴商业世界将产生如下剧烈变化：

1. 新经济：此次向智慧商业体的集体进化，与“互联网 +”和“产业互联网”的逻辑都不同，轻资产将驾驭重资产带来数字生产力，“看不见的脑”代替看不见的手发挥起资源配置的决定作用，传统经济领域将会迎来一场史无前例的物种大灭绝，基于牛顿控制论建立的旧商业文明将让位于生物涌现论的新商业文明，新的数智经济中将遍布拥有神经网络和 AI 大脑的智慧商业体，人与万物智能网联将催生一个轻资产的商业世界。

2. 新规则：要素资源将向智慧商业体无限集中，市场效率和底层生产力将会发生本质跃迁，高维技术的低纬展开将带来黑洞一般的商业吞噬能力，商业向心力生态竞争将引爆第二轮要素资源的快速重排。数智经济的生存规则，会远远超出传统经济学框定的既有范畴，人类认识和参与商业竞争必须引入生命生物学、宇宙社会学、微观量子学的规则，强中心、共生化、无边界、自驱动的商业向心力竞争将会成为最高等级的生存法则。

3. 新趋势：自 2020 开始，传统经济将与数字经济建立起高度“联姻”关系，更新的物种会向物理世界深度触摸，超越传统的互联网独角兽。无数个机械系统和传统组织将在数智化进程中进化出“镜像生产力”“镜像生产关系”和“量子化组织”，硬商业由此向软商业蝶变，传统经济的机械架构中将生长出生物血肉和神经网络，微笑曲线将会在两端突破利润极限继续向上延伸变成“瘦脸曲线”，企业将从追逐一般性“利润”转向追求更高的超级“数字税”。

4. 新巨头：在新的竞争规则和发展趋势下，一批数智经济新巨头将会崭露头角，它们会共同搭建起中国未来智慧商业世界里的底层架构和操作系统，成为中国经济新一轮效率崛起的新变量，不仅将享受到国内存量竞争时代的技术红利，还将从中国经济全球化后备力量的角色中走向前台。新巨头将会推动新基建，串联新业态，启迪新增长，重塑新秩序，衍生世界经济新图谱，创造全球人民新福祉，并最终成为真正的全球化龙头企业。

5. 新视野：数智经济时代的突然降临，将引发商业环境新一轮剧变，以及商业物种新一轮适者生存式的选汰，人们亟需新商业思维来适应一个高度智慧化的新商业世界，上至国际大公司，下至普通创业者，各类商业主体都将主动探寻智慧商业的生存之道，以期拿到一张登陆“数智经济”商业新大陆的摆渡船票，为了有助开阔视野、登临彼岸，商业向心力实验室在本书中给出了通往互联网智慧商业的七条路径建议。

数智经济的发展将是一场“无人区”的探索，谁先占领这个市场，谁就掌握了未来十年新兴互联网智慧商业的战略高地，所以这是一场关乎命运的商业探险，人们必须拿出穿越迷雾的勇气和重组基因的智慧，在“无人区”中建构起智慧商业新城邦和数智经济新大陆。先行者已经在无人区里描摹蓝图，阿里云智能的目标是到2023年连接100亿台设备，软银估计到2035年物联网设备的数量将会超过1万亿台……以2020年为标志性节点，随着“5G+AI+物联网”在各行业领域进行商业落地，联网设备将进一步智化和激增，届时中国数智经济将很快步入井喷阶段。

从“数字经济”到“数智经济”，一字之差背后将是一个财富时代的剧烈变迁，也是经济社会动力引擎的跃迁式升级，数字经济的动力是“互联网、大数据、云计算”，人们通过互联网升级商业效率打造了一个秒级响应的市场网络，而数智经济的动力是“5G、AI、物联网”，人们通过人与万物智能网联，来实现产业智能化以及各行业底层生产力的本质跃迁。

未来10年，数智经济将引发中国千年未有之“财富变局”，继下海经商、实业致富、房产造富、网络创富之后，第五次财富浪潮将席卷而来，一个轻资产的财富群落——“数字中产”将会快速崛起，中国的财富阶层将出现新一轮适者生存式的“选汰”。

商业向心力实验室　杜鸣皓

目 录

第一篇

新经济：数智经济深度触摸和智能操控物理世界

2019 年，中国数字经济规模占年度 GDP 总量已超 1/3，尽管这一比例仍在逐年上升，但互联网从业者普遍感受到了增长“天花板”的压力。截至 2019 年，中国 4G 用户规模已超 12 亿人，意味着中国数字经济的人口红利将很快见顶。

但商业向心力实验室的观点恰好相反：2020 年开始，5G、AI、物联网的融合将持续变革人机生产力，虚拟世界将探出无数只手深度触摸、操控物理世界，互联网将因此迎来一个新的增长点，它将击穿数字经济的 GDP 占比“天花板”、市场增长“天花板”，这个新的增长点正是数智经济。未来十年，数智经济占 GDP 比重将远远超过 GDP 的 1/3；其规模将远远超过纯线下经济。

“数智经济”与“数字经济”有何不同？它凭什么可以击穿 GDP 占比天花板？数智经济将打开怎样的商业新世界，又将为中国经济发展注入怎样的动力？普通人应如何抓住数智经济新一轮产业大变革的创富机会？本篇内容将会为大家揭开谜底。

第一章
穿透市场网络：商业秒级响应、供需无缝对接的服务型社会

从1999年阿里巴巴创立电子商务网站，截至2020年，中国互联网商业已走过20年。站在20年的时间点上，继“移动互联网＋大数据＋云计算”推动数字经济发展之后，“5G+AI+物联网”将把互联网商业向数智经济推进。

在《2020中国数智经济商业向心力趋势报告》中，商业向心力实验室首次明确了中国互联网智慧商业的发展路线图，将中国互联网商业分成了四个典型的发展阶段，包括“电子商务”“市场网络”“数字经济”以及2020年开始的“数智经济”发展阶段。

它们分别是：

（1）电子商务阶段（1999—2009年）：电子商务兴起，“买卖交易”转移到PC互联网；

（2）市场网络阶段（2010—2013年）：市场网络形成，“服务行业”纷纷触网移动互联；

（3）数字经济阶段（2014—2019年）：数字经济崛起，“各行各业”纷纷走向在线化；

（4）数智经济阶段（2020 年开始）：数智经济来临，“物理世界”开启数智化之旅。

中国互联网智慧商业路线图：虚实世界走向“数字联姻”

电子商务	市场网络	数字经济	数智经济
(1999—2009) PC互联网 数据库技术 电子商务兴起，市场交易从线下向线上迁移，商品在网上买卖，交易开始走向互联网化	(2010—2013) 移动互联网 大数据技术 商业萌芽，商业场景从线下向线上打通，供给和需求在网上对接，商业走向全链移动互联网化	(2014—2019) 云计算技术 实时大数据/区块链技术 在线商业涌现，商业实现秒级响应，供需实时，无缝对接，商业从互联网化过渡到在线化	(2020至未来) 5G/物联网 分布式智能 轻资产开始驾驭重资产，“看不见的脑”[1]重建数字市场，商业从在线化到全链数智化

从 1999 年 9 月阿里巴巴创立算起，经过在 PC 互联网的十年发展和沉淀，互联网商业终于走过了自己最原始的孤行阶段，开启了轰轰烈烈的群行之路，“市场网络”时代来临了。

以 2010 年为分水岭，移动互联网和智能手机的普及，让中国互联网商业终于走出电商的“独行期”，进入到一个众多行业纷纷试水触网的“市场网络”阶段，比较有代表性的就是 O2O 商业开始萌芽，团购风头一时无两，此阶段触网最多的就是传统服务业。

当进入 2014 年，在大数据、云计算、区块链和人工智能的驱动之下，互联网商业又从“市场网络”快速过渡到了“数字经济”发展阶段。自此，广泛连接、海量数据和云端智能等开始服务于中国商业社会的各个角落，各行各业由此开启了一场数字经济的浪潮。

① 看不见的脑：出自《轻资产时代》（浙江大学出版社，作者杜鸣皓），意指在数字市场中发挥要素资源配置的各种高度智慧化数字工具，它们可以按照一定的数据算法做辅助决策和自主思考，是更智能的生产力，是数字市场的基本构成单元。

如果用一句话概括互联网商业过去十年的发展，可以是——**“移动互联网精彩开局，构建了一个全行业触网的初始市场网络；大数据、云计算、区块链等组合发展，打造了一个‘商业秒级响应、供需无缝对接’的服务型社会”**。

它的发展过程大致如下：

2010—2013 年，互联网商业的发展主要解决了“市场网络化”的问题，不再局限于商品网上售卖，人们通过移动互联网、智能手机让全行业触网，大量服务业的市场交易及服务提供都被挪到了网络上；

2014—2019 年，大数据、云计算、区块链和人工智能的组合发展，让企业的外部商业链条和内部组织管理全部可以上网运行，实现了企业供给和市场需求在数字空间的无缝对接，也实现了商业服务链的全流程打通，构建了一个“商业秒级响应、供需无缝对接”的服务型社会。

综合来看，“2010—2019”这十年数字经济的发展阶段，主要有以下两大特征：

- **移动互联网 + 智能终端 → 解决了市场网络形成与人力资源解放的问题。**
- **大数据 + 云计算 → 解决了供需无缝对接与服务链打通的问题。**

下面，我们简单回顾一下中国互联网智慧商业从电子商务、市场网络到数字经济走过的历程。

1. “市场网络”的过渡

1999—2009 年，电子商务在中国迅速崛起。

这一阶段，可以说是传统商业中的“商品交易”走向线上的十年，这一时期的商业探索，对此后市场网络的形成做了人才、技术和商业模式等方面的积淀。

2010—2013年，“市场网络”开始在各个行业展开，互联网商业从电子商务的“独行”走向各行各业触网的“群行”，这一阶段中国的服务业纷纷向数字化转型，“互联网+”得以在金融、旅游、交通、政务、零售、教育、传媒、游戏、餐饮、酒旅、物流、物业办公等众多传统服务业领域落地生根，几乎所有与“人”、“人的服务”相关的产业，都迎来了一次网络化的发展契机。

短短三四年的时间，原来那些只存在于“线下”的市场，被逐一搬到了“网上”，让商业世界形成了一个强大的、彼此勾连的“市场网络”。当初在杭州撒下中国电子商务的“一粒种子”，转眼间就长成了市场网络的“一片森林”，彼时，人们形象地把各行各业触网的现象称为“传统产业电商化”。

2014年前后，大数据、云计算和AI纷纷步入互联网商业，这也让市场网络阶段被证明只是一个短暂的“过渡期”，一个属于“数字经济”的全新发展阶段席卷而来。人们惊讶地发现，当交易行为和服务链路在网上打通之后，供给和需求之间巨大的信息鸿沟也被大数据、云计算轻松地化解了，互联网商业实现了供给和需求之间的无缝对接，在线化的数据处理也让商业实现“秒级”响应成为现实。

可以说，从市场网络过渡到数字经济，让经济社会的商业逻辑发生了翻天覆地的变化：

第一，从市场网络发展到数字经济阶段之后，服务再也没有了万水千山的隔阂。

进入到数字经济阶段之后，商业逻辑既不同于线下市场，也不同于简单的触网运行，服务响应几乎是一直“在线”，没有“断点”的；同时，商业响应的速度也突破了时间和空间的限制，所有的服务理论上都能做到秒级的线上响应；“市场网络”造就了一个更大的开放市场，“数字经济”则让开放市场在网络空间中无障碍运行，人们的交易行为可以远隔千山万水，人们的服务提供可以跨越万水千山。

第二，从市场网络发展到数字经济阶段之后，服务业基本解决了“排队”问题。

以前，买火车票需要排队，买电影票需要排队，去银行转账需要排队，就餐需要排队；但现在，人们可以在12306网站或App上购买火车票，可以通过猫眼电影App购买电影票，还能够在线选座，人们通过银行App在线转账，用外卖App在线预约订餐或叫外卖，甚至包括政务等也实现数字化。可以说，从市场网络到数字经济的十年发展，基本上解决了传统线下市场中的“体验痛点”和“服务断点”，真正打通了商业服务的全链路，疏通了商业社会中一直阻塞的毛细血管。

第三，从市场网络发展到数字经济阶段之后，无序供给和海量需求之间开始了“无缝衔接”。以前，出租车司机巡街载客，司机不知道乘客在哪里，乘客也不知道司机在何处，打车是一个“概率”事件；现在，通过网络约车App就可以在线打车，平台综合乘客及周边网约车的位置、目的地等信息，对司机和乘客进行精准匹配。类似“网络约车模式”的无缝供需匹配，在其他领域被快速复制，比如爱彼迎、途家等短租民宿市场，自如、安居客等租房平台，猎聘、boss直聘等在线招聘平台，都是海量供需在线智能匹配，这些都是“市场网络”和“数字经济”对众多服务行业的突出贡献。

2.“数字经济”的崛起

2013年是中国的大数据元年，2014年是中国的云计算元年，2016年是中国的人工智能元年，大数据、云计算和人工智能的发展并不同步，但我们可以发现，它们的起点均踩在了市场网络的“尾声”阶段，也就是各行各业纷纷完成触网之后，这难道只是一种时间上的巧合吗？

其实，如果追根溯源的话，正是 2010 到 2013 年之间“市场网络”的渐进形成，让各种商业数据被记录在网络上存储和分析，才带来了大数据、云计算和人工智能的现实需求，带来了此后的“数字经济”黄金发展时期。所以，**大数据、云计算和人工智能在市场网络的尾声阶段陆续出现并不是巧合，而是市场网络中海量数据处理需求倒逼的结果。**

回看这段互联网商业向数字化跃升的关键时期，阿里巴巴可能是中国最先看到海量数据处理这一商业趋势的企业，因为淘宝每日要处理的数据量增长太过惊人，让马云担忧未来可能没有数据厂商能够满足阿里的需求，所以比其他互联网创始人都看得更远更真切，马云找到王坚这样一位“云计算”数据大师，帮助阿里成功开发了大数据系统和云计算平台。

在 2010 年到 2013 年长达四年的时间里，互联网商业的追逐者们，一直沉浸在“市场网络”扩张的狂欢中，很少人能预见到属于云计算的“数字经济”时代将会很快开启。

在 2013 年年中，阿里云宣布阿里云计算运营服务器规模达到了 5 000 台，拥有了稳定对外提供大规模通用计算的能力，可以应对实时的“高并发”海量数据处理。风闻消息的其他厂商，这才开始应机而动，国内众多云计算平台正是在这一年里陆续成立的。

幸运的是，由于互联网圈的人才流动频繁，商业巨头之间的“技术代差”在很短的时间内就可以被抹平，所以对于大数据、云计算和人工智能，互联网巨头们可能会晚，但不会缺席，阿里只是更早地看到了未来。

2014 年，属于互联网数据的时代就此开启，过去几年里在各行各业“市场网络”的形成过程中被记录、存储的海量数据，一步步催化着大数据、云计算、区块链和人工智能等技术的深入发展，让市场网络向更加纵深化、网络化和智慧化的方向发展，带来了“数字经济”的空前崛起。

“数据就像石油”市场网络中产生的“数据”蕴藏着巨大的价值，是一座待挖掘的油田。因此，互联网巨头们把海量数据集合起来，通过发掘其中的规律、完善算法的模型和预测市场的走向来拓展业务，这给市场网络商业效率带来了极大的提升，海量数据集中处理的平台经济成了引领数字经济发展的主要形态。

很快，“云计算”的价值就体现了出来，它成为线上商业智慧化的主要依托，也成了数字经济最强大的“发动机”。自 2015 年开始，云计算在市场网络已经成熟的各个行业迅速普及，金融云、游戏云、教育云、交通云、物流云、传媒云等各种云基础设施落地开花，云计算让“市场网络”逐渐成为一个“智慧网络”，线上服务业开始了一次史无前例的效率跃升。

“连接带来数据，数据催生智能。”在短短的三五年间，数字经济的两大法宝——连接和数据，就以 DNA 双螺旋式的滚动发展，搭建起了互联网智慧商业的雏形，到 2019 年，数字经济规模在中国 GDP 总量的占比超过三分之一。

我们可以这样理解，**市场网络解决了市场的“线上化、数据化”，数字经济则解决了市场的“在线化、智能化”**，在时间上是两个平行推进、螺旋缠绕的过程，但在逻辑上却有着“线上化催生了在线化，数据化催生了智能化”的因果关系，市场网络的发展倒逼数据技术的进步，数据技术的进步带来市场网络的升级，最终引爆了一轮数字经济的空前繁荣。

在“云计算”的推动下，除了市场网络逐渐向智慧化方向发展，各行业“数字经济”快速崛起之外，全国 400 多个智慧城市以及数以万计的市政基础设施智慧化项目，也成为中国数字经济跨越式发展的又一写照。

数字政务、智慧交通、城市大脑等细分领域，成为中国 400 多个智慧城市的发力重点，其他包括电力、燃气、供水等基础设施也都逐渐纳入智慧城市建设之中，这显然是一个独立于互联网商业之外的数字经济崛起的重点领域，但智慧城市却并非孤立，它们也成为支撑中国各行业数字经济发展的重要基础。

因此，如果说从市场网络过渡到数字经济，还只是各行各业在主动进行数字化转型，那么全国轰轰烈烈的智慧城市和智慧化城市基础设施建设，则意味着中国开始全面拥抱数字经济，中国经济社会整体向“商业秒级响应、供需无缝对接”的服务型社会迈进。

3.“产业互联网”的曙光

2018 年，随着数字经济发展版图的持续扩大，互联网巨头们不仅在“服务人”的领域进行圈地，或者说，在最初的“市场网络”已经涉足的行业之外，互联网巨头们看到了一块更大的待垦之地。

自 2018 年开始，互联网巨头们开始把连接对象从“人”扩展到“物”，想要把机器设备连接到互联网商业中来，开启了被称之为“产业互联网”的新扩张运动。

问题是，互联网想要从“服务人”扩展到“整合物”，进一步深入触摸线下的物理世界，实现全场景全链条的工业 4.0、智能制造、智慧医疗、智慧交通和智慧农业等的数智化发展，还需要新的技术来支撑，包括传感器技术、边缘计算、5G 技术和分布式人工智能等都需要尽快落地。

但事实证明，技术落地的障碍并不妨碍互联网巨头们提前“抢跑”，2018 年下半年开始，华为、阿里巴巴、腾讯、百度等互联网巨头纷纷布局“产业互联网”，他们希望尽可能多地把现有的机器设备先连接起来（起码把现有的智能终端先连接起来），把自己的触手尽可能地伸向广泛的物理世界。

在“抢跑”的过程中，会发现一个有意思的现象：尽管产业互联网圈地如火如荼，但并没有从根本上改变这些产业的“底层生产力”。比如，在工业领域的应用落地，主要还是集中在优化工艺流程、减少次品率提升良品率上，其他还包括设备维护保养、库存管理及预测等基础方面，但几乎都不涉及从根本上提升“生产力”。

所以，**当前的互联网巨头向产业互联网的布局，仅仅是数字经济触摸物理世界的一次“小试牛刀”**，还远远没有触及核心，互联网要想真正地深入触摸和智能操控物理世界，还需要除移动互联网、大数据、云计算等之外更多的技术支持。

换句话说，由于技术落地的限制，**在“数字经济”的这一发展阶段，人类能够抵达的商业高度，就只能是实现一个“商业秒级响应、供需无缝对接”的服务型社会**，只能停留在改善供需对接效率和商业服务链路层面。人类要想向上攀登更高的智慧商业巅峰，实现“轻资产驾驭重资产”，让物理世界发生一次“生产力跃迁”，这样的使命还是要交给互联网的下一个十年——也就是本书重点讲述的“数智经济”阶段。

第二章
迈向物联社会：2020 年，商业世界新一轮产业大变革起点之年

2020 年，作为数智经济三大底层技术（5G/ 分布式 AI/ 物联网），核心的 5G 开始大规模商用，因此这一年是名副其实的“数智经济”元年，也是商业世界新一轮产业大变革的起点之年。

自 2020 年开始，5G 网络向全社会普及，有了低时延、高带宽、大流量、大连接、高可靠和分布式智能全链的通信网络加持，将推动人工智能、边缘计算、传感器等技术和物联网操作系统在各种物理设备设施领域逐一落地，互联网的触角将因此进入到物联网的腹地，虚拟互联网世界将探出无数只手，深度触摸并智能操控物理世界。

如果用一句话预言数智经济未来十年的发展，那么它将是——**“数智经济将带来一个轻资产驾驭重资产、‘看不见的脑’重建数字市场的‘超智能社会’”**。

预计它的发展脉络大致如下：

自 2020 年开始，互联网商业进入了一个崭新的发展阶段——人与万物智能网联。继电子商务、市场网络、数字经济之后，互联网商业将解决底层生

产力（如机器设备）的数智化问题，从而构建起一个由无数“数字生产力”和“看不见的脑”组成的万物智能网联世界，虚拟互联网世界将会与实体物理世界“数字联姻”，进而让互联网商业深度触摸和智能操控物理世界，最终实现“轻资产驾驭重资产”的一次生产力跃迁。

“2020—2029”未来十年的数智经济发展阶段，主要受益于以下两股力量的推动：

- **5G 技术 + 分布式人工智能 → 解决物理世界底层生产力向智慧化本质跃迁问题。**
- **边缘计算 + 传感器 → 解决虚拟数字世界深度触摸和智能操控物理世界的问题。**

1. 数智经济时代

华为创始人任正非在接受采访时，给出的答复是“需要时间”。任正非说，“5G 是对工业自动化、人工智能的促进，这需要一个相当长的过程。人工智能刚刚才兴起，它需要低时延、大带宽、大流量。它深度学习，建立模型，这些都需要一个成长过程。”

5G 就像是一把神秘的“钥匙”，将会开启未来十年新一轮的产业变革，它带来的不是一个时间点的变化，而是一个时间段的变革，在服务业触网形成“市场网络”、数据催化晋升“数字经济”之后，5G 将会让经济社会向“数智化”发展，这种“数智化”的过程又不同于前面的数字经济阶段，只局限于商业效率的提升和服务链路的打通，而是以万物智能网联带来物理世界底层生产力智慧化的本质跃迁，这也是与前十年最根本的不同。

我们回顾从 2010—2019 的十年时间，会发现其实互联网只是在提升商业效率上做文章，在跟人的服务有关环节做“在线化、智能化”的安排，真正改变物理世界“底层生产力”的东西，一直都没有落地，其中一个重要原因就是因为3G、4G技术不适合应用于大规模设备网联，4G网络容量每平方公里只能连接2 000台左右的设备，5G可以连接百万台，而5G的开启正是要解决进入数智经济阶段所存在的技术问题，所以从这个角度上说，5G将是未来制胜的关键“武器”，是一把打开数智经济的钥匙。

商业向心力实验室指出，5G带来的“数智经济”发展，包含两个基本逻辑，且都与前面的“数字经济”不同：**第一个逻辑是“连接物”，第二个逻辑是“智化物”**。机器设备不同于人，它本身不具备智慧，所以要想打通物理世界在线上的连接，就必须要赋予机器“智慧”。

那么，机器如何获取“智慧”？

这要包括软件和硬件两个层面，软件层面是“OS操作系统”和“人工智能”，硬件层面是“传感器”和“终端芯片”，有了由OS操作系统、人工智能软件、传感器及芯片硬件搭建成的机器神经网络，机器设备才可以像人一样联网，才可以像人一样响应来自云端大脑的“决策流”，同时向云端大脑同等反馈和输出“决策流”。

因此，我们可以通俗地理解为——**数智经济和数字经济最本质的不同，就是数智经济需要解决物理世界如何“智化”的问题，不解决这个问题，物理世界中的机器设备就没有办法真正联网发挥作用。**

2. 产业变革前奏

那么，数智经济是不是时下被热炒的“产业互联网”呢？

不完全是。产业互联网一般认为是ToB的互联网，由于终端连接能力上的局限，过去十年中很多传统B端企业没能实现“数字化”“在线化”，比如说医疗和教育领域，很多医院、学校因为没有条件自己开发移动App，它们被上一轮的数字经济边缘化了，而产业互联网的出现，就是要帮助这些 B 端企业和机构解决融入数字经济的问题。

当然，产业互联网也涉及一部分终端设备的联网，但更多还是局限于智能手机、智能家居、摄像头等智能终端，即便有涉及一些机器设备的联网，比如阿里巴巴提出的“新制造”“新能源”，但联网设备的智能化程度也都偏低，设备还没有被完全“智化”。

所以说，**产业互联网是一个介于“数字经济”和“数智经济”之间的概念，**是互联网从数字经济向数智经济发展的一个过渡阶段，由于当前传统设备终端和智能终端的网联局限，虚拟世界还无法深度触摸和智能操控物理世界，人们最终进入数智经济时代，将是一个轻资产驾驭重资产、人和万物智能网联的时代。

尽管如此，产业互联网还是开启了新一轮产业大变革，揭开了“数智经济”面纱的一个小小边角，让我们能够从中窥见 2020 年传统商业数智化转型的一抹身影。不同于数字经济引发的产业变革，这一轮数智经济带来的产业变革，将会彻底重塑“底层生产力”，让传统的机器拥有“智慧的大脑”，让传统商业的“机器效率”直线升级为新兴商业的“生物效率”。

在这里，商业向心力实验室给数智经济一个定义，大家可以从中看出数智经济与数字经济、产业互联网在本质上有何不同：

“数智经济”是继电子商务、市场网络、数字经济之后，新兴互联网商业进入的第四个发展阶段，即“人和万物智能网联”的发展阶段。

数智经济区别于数字经济的主要特点在于，数字经济主要是中心化智能决策（云端智能），数智经济则是分布式智能决策（云、管、边、端全链智能）。

数智经济将彻底变革和提升底层人机生产力，并打造一个与物理设备共

生的数字生产力镜像，从而带来轻资产驾驭重资产、“看不见的脑”重建数字市场的超智能社会。

3. 生产力跃迁

2020年，数智经济的发轫之年，新兴互联网商业将在电子商务、市场网络、数字经济之后，迈入第四个发展阶段——“数智经济”阶段，商业世界将迎来一次底层生产力的跃迁式升级，物理世界的机器设备、万事万物的“联网”和“智化”，人类的生产力水平将上一个新的台阶，其给人们带来的变化是：**“人力”将会进一步被解放，“脑力”将会被进一步开发。**

从21世纪的第三个十年开始，我们将真正进入一个“大脑的世纪”，一方面人类会开发各种人工智能赋予机器以“智慧”，提高机器的智慧化水平，也就是让机器也享有大脑。另一方面，大量无人机器的使用和无人场景的替代，人力会从重复性的、低水平的劳动中解放出来，去做更有创造性和创意性的工作。

那么，是不是说数智经济的生产力跃迁，会像很多专家预言的那样，将会替代或淘汰掉大量的“体力劳动者”呢？

其实这种观点很荒谬，也反映了他们对体力劳动者的某种“歧视”。

体力劳动者并不意味着他们的工作就“不动脑子”，相反他们从事着大量充满创造性、创意性的工作，比如修理机器设备的维修工，这虽然表现为是体力劳动，但却是非常需要“动脑”的，人工智能可以诊断出故障，但却没有足够的“智慧”去修复，所以类似维修工这样需要动脑子的“体力劳动者”正是数智经济时代所稀缺的。

现实的情况反而将是很多从事重复性劳动的“脑力劳动者”，会在数智经济时代被大量替代，比如初级水平的律师、会计、医生、设计师，因为人工智能完全可以胜任这些工作，比如人工智能医疗设备就可以自动诊断疾病，也就是说，数智时代将对从事脑力劳动的人提出更高的要求。

历史上每一次生产力的跃迁，都是人类对工具的创新和更好的使用。第一次工业革命，是机械工具的出现和人们对汽车、火车、轮船等机械工具的应用，第二次工业革命是电气工具的出现和人们对工厂自动化设备的应用，第三次工业革命是信息化工具的出现和人们对手机、电脑等信息化设备的应用。而第四次工业革命，是智能化工具的出现和人们对融入了人工智能的各种智能化设备的应用。

设想一下，未来普通人怎样才能驾驭“智能化设备”，融入“数智经济”时代呢？

一是数智经济时代要求人类要能够创造和生产出智能机器，二是人类要能够操作、驾驭并维护智能机器，三是要求人类能够诊断、处理并修复智能机器出现的问题。所有这些，对人类“大脑”的要求都会越来越高，**人依然是这一波生产力跃迁的决定性因素**，5G 技术也好，人工智能也罢，都只是促进生产力跃迁的工具，在数智经济引发的商业世界新一轮产业大变革中，人力资源的变革将贯穿始终。

第三章

锁定智能场景：5G 覆盖三大场景，百亿设备将“智能网联”

“数智经济”究竟意味着什么？它为何会超越“数字经济”？

数字经济的重点是挖掘数据价值，其标志性技术是大数据、云计算、区块链，典型应用就是网约车的实时供需匹配；**数智经济的重点是催化数据智能**，其标志性技术是 5G、分布式人工智能、云边计算的物联网，典型应用是自动驾驶汽车。从挖掘数据价值，到催化数据智能，本质上是互联网智慧商业的一次跃迁式升级。

数智经济催化数据智能，至少意味着经济社会将出现以下三大变化：

第一，数智经济将带来“一切场景皆智能”生活生产方式的改变。任何一个行业，一旦进入到数智经济阶段，那么该行业包含的商业场景都将会升级成为“智能场景”，以汽车为例，当汽车行业进入到数智经济阶段，汽车就可以实现自动驾驶，人和汽车可以进行智能交互，汽车和汽车之间也可以智能交互，汽车甚至也可以与马路、红绿灯进行智能交互，总之，传统场景将逐渐被智能化场景替代。

第二，数智经济将带来新经济规模超越传统经济规模的改变。中国数字经济的发展成就斐然，截至 2018 年，数字经济规模已占 GDP 比重的 1/3，而以 5G 的落地为契机，2020 年是中国从数字经济正式进入数智经济的一个分界点，人们身边的很多场景都将逐渐转向“数智化”，尤其是占到 GDP 总量 2/3 的传统线下经济领域。长远来看，智能场景将可以覆盖人们生产生活的绝大部分领域，数智化会深入到家庭、工厂和城市的每一个角落，直至串联起我们赖以安身的整个物理世界。商业向心力实验室预计，到 2029 年，中国数智经济的整体规模，比重有望进一步扩大到占 GDP 的 2/3，新经济与传统经济比重会出现“倒挂”。

第三，数智经济将让新的数智化基础设施走向商业前台。经济社会向“数智化”升级，让互联网虚拟世界深度触摸和智能操控物理世界，必要条件之一就是我们生活中所有的设备要实现“智能网联”，比如我们家庭里的水电燃气表，冰箱、电视、洗衣机等电器，甚至穿衣镜、衣柜、窗帘等家居用品，还有现代工厂里的仪器仪表、生产设备，以及城市里的公交、马路、红绿灯、路灯等交通设施，这些都需要被“智化”和“网联”，而数智经济里一切智能设备的网联，一切智能场景的实现，都将高度依赖于数智化的基础设施提供底层支撑，主要包括新一代 IPv6 技术、5G 通信技术和物联网操作系统等“新基建”，它们是经济社会向数智化迭代的必备条件。

不仅设备要智能网联，如果有必要，甚至每一粒沙子，每一滴水都可能被“智能网联”。比如，智慧农业要把“土壤”智能网联，用传感器设备把土壤的温度、湿度等数据实时联网，在云端大脑和终端智能设备之间建立起农业生产的智慧决策全链路，从而实现农业生产的“数智化”；渔业生产也需要把水的含氧量、水温、富营养水平等数据实时智能网联，实现渔业生产的“数智化”。

所有的这些“智能场景”的实现，都需要互联网（物联网）的网络连接及终端设备等在软硬件方面做出适应“数智化”发展的改进。这与历次工业革命相类似，第一次工业革命是经济社会向“机械化”的适应性改进，第二次工业革命是经济社会向“电气化”的适应性改进，第三次工业革命是经济社会向“信息化”的适应性改进，眼下的第四次工业革命将是经济社会向“数智化”的适应性迭代，具体将需要**新一代 IPv6 技术、5G 通信技术和物联网操作系统**提供底层支撑。

1. IPv6 是未来

自古以来，中国人做事讲究“凡事预则立，不预则废”，在“数智化”谋篇布局方面，中国也充分展现了自己的前瞻眼光。

早在 2015 年，中国就把发展“下一代互联网”关键技术之一的 IPv6 提上了日程，因此，可以将 2015 年认为是中国数智经济的“伏笔之年”，正是这一年发生的事情，为 2020 年中国数智经济能够准时起锚做好了铺垫。

要想知道 IPv6 对于数智经济的价值，我们还要从美国创建的“第一代互联网”谈起。

1969 年，美国高级研究计划署（ARPA）基于军事目的，创建了现在被人们看作是“第一代互联网”的阿帕网（ARPANET），它只有 4 个节点，分别位于加州大学洛杉矶分校、斯坦福研究院、加州大学圣巴巴拉分校和犹他大学，阿帕网建立时，一台计算机有一个房间那么大，属于绝对的奢侈品，因此直到 1977 年，该网内的计算机数量也只有 111 台。

1983 年，阿帕网（ARPANET）中和军事有关的部分被剥离并单独成立了 MILNET，最终成为美国国防数据网络（DDN）的一部分，而非军用部分则逐渐演化发展成为今天的互联网（也称因特网 Internet）。

此后的互联网采用 TCP/IP 协议，给每台计算机分配了一个 32 位的 IP 地址（把计算机显示 IP 地址的四组数字换算成 8 位二进制即可得到 32 位字节的 IP 地址），用来在海量互联网接入节点中进行准确“寻址”（类似于每个人有一个身份证号码），完全穷尽的话可以有 2 的 32 次方个地址。

同时，为了人们方便记忆和区分不同 IP，还通过 DNS 域名系统给每个 IP 分配一个好记的名字（也就是“域名”），DNS 服务器的数据库中就记录着 IP 地址和域名之间的对应关系，计算机通过域名就可以解析 IP 地址。

但问题是，并不是任何人都拥有对 IP 地址和域名之间对应关系的“最终解释权”。目前在已使用了 30 多年的 IPv4 协议下（第四代互联网协议），美国公司通过 13 台“根服务器”负责互联网顶级的域名解析，其中在美国部署了 1 台主根服务器和 9 台辅根服务器，另外 3 台辅根服务器分别部署在欧洲和日本。这些根服务器被称为互联网的“中枢神经”，域名和 IP 地址的对应关系，以及域名所有权等一系列互联网最核心的资源分配问题，在 13 台“根服务器”上有着“最终解释权”。

2014 年，《人民日报》就曾提及 IPv4 协议的隐患：“目前美国掌握着全球互联网 13 台域名根服务器中的 10 台。理论上，只要在根服务器上屏蔽一个国家域名，就能让这个国家的顶级域名网站在网络上瞬间‘消失’。在这个意义上，美国具有全球独一无二的制网权，有能力威慑他国的网络边疆和网络主权。譬如，伊拉克战争期间，在美国政府授意下，伊拉克顶级域名‘.iq’的申请和解析工作被终止，所有网址以‘.iq’为后缀的网站从互联网蒸发。”

所以，在数智经济时代，IPv4 就出现了两个显而易见的问题需要解决：

一是 IP 地址不足的问题。IPv4 地址采用 32 位二进制代码，只能产生不到 43 亿个 IP 地址，而数智经济时代所有智能网联设备加起来将是百亿起步，IPv4 显然无法满足所有智能设备都能被准确地在网络空间中进行定位“寻址”的需求，更何况美国占据了 50% 以上的 IP 地址，中国能获得的 IP

地址数量非常有限，只能使用“动态 IP”“内网 IP”等方法进行技术上的妥协。

二是数智经济安全问题。“数智经济”不同于单纯的信息产业（IT），它涉及整个国家方方面面的经济和产业安全，尤其是涉及各国数智经济全球化发展的安全问题，那么由美国公司控制互联网根服务器域名解析的最终解释权，等于各国把数智经济的安全全部压在了美国公司身上，显然不符合各国经济自治的原则。

因此，着眼于互联网的未来发展，为解决 IP 地址不足的问题，全球互联网开始向“下一代互联网”——拥有 128 位 IP 地址的 IPv6 过渡，同时还要彻底改变互联网根服务器“单边治理”的格局，引入更多根服务器运营者进行“多方共治”。

正是在这一背景下，2015 年 6 月，中国下一代互联网工程中心发起了**“雪人计划”**，面向全球招募 25 个根服务器运营志愿单位，共同对 IPv6 根服务器运营、域名系统安全扩展密钥签名和密钥轮转等方面进行测试验证，相比 IPv4 采用 32 位只提供不到 43 亿个网址，IPv6 的 128 位 IP 地址在数量得到了几何级的扩展（2 的 128 次方），近乎可以“让地球的每一粒沙子都拥有一个网络地址”。

到 2017 年 11 月，在与 IPv4 根服务器体系架构充分兼容的基础上，“雪人计划”在美国、日本、印度、俄罗斯、德国、法国等 16 个国家完成了 25 台 IPv6 根服务器架设，其中中国部署了 4 台根服务器，由 1 台主根服务器和 3 台辅根服务器组成，形成了 13 台原有 IPv4 根加 25 台 IPv6 根的网络空间自治新格局。

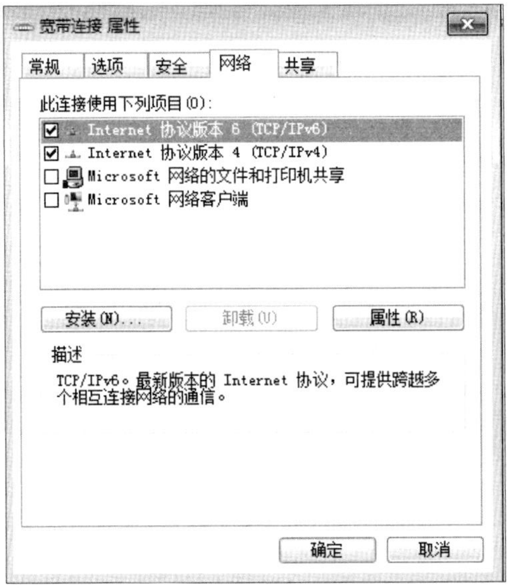

尽管在 IPv6 的网络自治上“雪人计划”实现了高屋建瓴，但中国依然还是 IPv6 的追赶者，截至 2019 年亚太互联网络信息中心（APNIC）统计数据，比利时、美国等国家 IPv6 部署率已超过 50%，而中国部署率仅为 10.80%，世界排名第 44 位。

为此，工信部启动“2019 年 IPv6 网络就绪专项行动”，2019 年也理所当然地成为中国 IPv6 部署的攻坚之年。截至 2019 年 8 月底，全国已有 11.30 亿 LTE 用户[①]、1.61 亿固定网络用户获得 IPv6 地址，市场主流 LTE 终端、智能家庭网关均已支持 IPv6，全国支持 IPv6 的 CDN（内容分发网络）节点数超过 1 000 个，网宿、蓝汛、阿里云、腾讯云 IPv6 全国覆盖能力达到 100%，TOP10 的云服务平台企业完成 50% 以上的云产品 IPv6 改造，这些成绩也为 2020 年开启的数智经济铺平了道路。

伴随着 IPv6 解决了人与万物智能网联的“IP 地址数量扩展”问题，未来还有一个新的网络通信问题需要解决——已经使用了 40 多年的 TCP/IP 通信

① LTE 全称为 Long Term Evolution，是应用于手机及数据卡终端的高速无线通信标准，是 3G 与 4G 技术的一个过渡。由于版本改进，后续成了真正的 4G。

协议的问题。IPv6 没有脱离“始于 1969 年、定型于 1978 年”的 TCP/IP 技术框架，没有改变 TCP/IP 通信协议的技术内核，而 TCP/IP 通信协议在 5G 应用场景的优化扩展方面面临瓶颈，这决定了 IPv6 极有可能也是一种过渡性的“下一代互联网”技术。

最初，TCP/IP 通信协议就是在全球的电脑之间建立一套大家共同遵守的“语言”。

TCP/IP 通信协议“语言”就像我们交流需要说“普通话”一样，避免了有的电脑说“方言”，别的电脑识别不了的情况发生。当然这个比喻并不完全准确，因为 TCP/IP 只是数据的“传输层协议”，只负责传递内容，不能表达内容，要想理解电脑究竟说了什么，还得有“应用层协议”，比如 WEB 网络的 HTTP 应用协议，就好比外国人听了我们说“普通话（TCP/IP）”，但是不明白什么意思，他们得去查“字典（HTTP）”。

后来，随着智能手机、可穿戴设备、物联网设备等新的非计算机设备的接入，导致 TCP/IP 这一针对固定计算机之间数据传输的协议，面临着很多的挑战，人们不得不对 TCP/IP 持续进行优化，以满足新的网络通信需要。

但 TCP/IP 协议在设计之初更多考虑了数据传输的“可靠性”和“准确性”，较少兼顾“实时性”和“安全性”，所以目前面临的问题就是，TCP/IP 的优化在未来 5~10 年内可能会走入困境，即无论如何对 TCP/IP 通信协议进行技术优化，都可能无法解决工业控制、自动驾驶和远程医疗等通信场景对低时延、安全性、灵活通信和标记扩展等方面的通信需要。

目前，国内由华为牵头提出了“New IP”方案，“New IP”据悉是“一个更动态的 IP 寻址系统”，它使得同一网络之间的装置可直接通信，不必再经由整个网络传递信息，New IP 被描述为是 TCP/IP 现有架构上的“继承式创新”，是对现有协议能力的扩展和增强。

同时，欧洲电信标准协会也在推进“Non-IP”方案，有报道称，“Non-IP”将着眼于底层技术，目标是应对满足支持 5G 服务，分阶段工作将先从专用网络入手，然后部署到公共网络，从核心网络入手，再扩展到接入网。

当然，无论是 TCP/IP ，还是 New IP、 Non-IP，没有完美的标准，只有实用的标准，未来互联网究竟将应用何种标准，还是需要反复地讨论、创新和实践。对此，信息消费联盟一位高层人士认为，“早期互联网是一个新生事物，创新模式主要是‘Internet + X’，基于 Internet 已有的能力创造出新的邮件、浏览器等应用，因此主要是应用适配网络，原有的渐进式创新模式足够。现在，互联网和实体经济逐步深度融合，展望未来的无人驾驶、远程医疗等，这些行业的需求是很难妥协的，因此创新模式需要‘X + Internet’，需要理解 X 行业的场景和需求，然后开发和增强网络的能力，更多地需要网络来适配应用。”

2. 5G 即智能

作为第五代通信技术，5G 使用的波段为毫米波和厘米波，具有超宽带、超高速度和超低时延等特点，表面上看，5G 似乎与 4G、3G、2G 并没什么不同，带来的只是一次通信产业革命。

人们会发现，相比于 4G，5G 下载的速度更快，可以达到每秒 1GB，所以看视频变得更流畅了；5G 的时延也更低，从 4G 时代的 30 ~ 50 毫秒直线下降到 1 毫秒，所以打游戏的时延更低，体验更好了；每平方公里区域内可同时接入的设备量变多了，达到了百万级，以后参加十几万人的演唱会，也可以随时发现场视频了。

但事实上，**如果仅以“通信革命”来认知 5G，就真的低估了 5G 对人类社会的影响，5G 带来的其实是一场“‘智慧 +’革命”，它是人类打开第四次工业革命之门的一把钥匙**，有了 5G 这把钥匙，我们才能实现人类所有生产生活场景的智慧化升级，工业 4.0、智慧农业、智慧城市等各领域才能实现真正意义上的万物智能网联，人类社会的底层生产力才能在人工智能等推动下实现一次跃迁式升级。

首先，我们从国际通信标准化组织 3GPP 定义的 5G 三大应用场景中就能够查寻到一些蛛丝马迹。

3GPP 给 5G 定义了 eMBB、mMTC 和 URLLC 三种场景，5G 技术也正是基于这些场景的通信要求进行开发，尤其后两种场景充分考虑了细分行业的“智慧 +”需求，就像是为未来的智能世界量身定做的。

它们分别对应的是：

（1）eMBB（增强移动宽带）：主要是面向个人消费市场的核心应用场景，集中表现为超高的传输数据速率，广覆盖下的移动性保证，最直观的体验就是极致的网速，2016 年，华为主推的 PolarCode 方案被 3GPP 确定为 eMBB 场景的控制信道编码方案。

（2）uRLLC（高可靠性低时延连接）：主要是面向无人驾驶、工业自动化、远程医疗等需要低时延、高可靠连接的特殊应用场景，连接时延要达到 1 ms 级别，而且要支持高速移动（500 km/h）情况下的高可靠性（99.999%）连接，通信从人与人之间通信，开始转向人与物的通信，直至机器与机器之间的通信。

（3）mMTC（海量机器类通信）：主要面向大规模物联网业务，海量机器类通信也是 5G 万物智能网联的基础，将实现从消费到生产的全环节、从人到物的全场景覆盖。mMTC 场景需要低功耗、广覆盖，目前被看好的是 NB-IoT（窄带物联网）技术，该技术将给远程抄表、安防报警、智慧井盖、智慧路灯等诸多物联网领域带来突破。

其次，我们从华为的公司战略中，也可以窥见“5G 即智能”的线索。

作为 5G 技术的领头羊，华为公司的战略是“构建万物互联的智能世界”，而围绕这个战略，华为其实在做两件事：

一个是推动 5G 相关技术开发和各领域落地，目前华为在该领域处于世界绝对的领先水平，5G 基础技术专利数量位居全球第一；另一个是推进全栈全场景智能的研发和落地，目前华为是国内唯一具备全栈全场景 AI 算力提供能力的公司，基于此，华为也在积极构建“智慧 +”的产业生态和用户生态，如开发 HarmonyOS。

这两件事也被华为公司的高层反复对外强调，2019 年在华为全连接大会上，华为副董事长胡厚崑表示，“华为是未来智能世界的使能者，我们打造智能世界的数据底座，一类是围绕连接，一类是围绕计算。”

创始人任正非对华为要做的事情把握得更为全面，了解得更为透彻。他认为 5G 只是“小儿科”，未来最大的产业是人工智能，他在发表于著名期刊的署名文章中写道，“我们坚信，未来二三十年人类社会必然走进智能社会。”

所以，5G 绝不是简单地等同于通信产业的一次革命，它的潜台词就是“智能”，5G 将是打开智能世界，打开第四次工业革命之门的一把钥匙。

3. 终端皆系统

上面我们提到的 IPv6 和 5G，两者都是 2020 年开始启动“数智经济”的重要通信基础设施，也是人们基于第四次工业革命的需要对传统通信基础设施进行的适应性迭代，但有了这两者还不能完全实现各种场景的“数智化”，**人们还需要对物理设备进行符合数智化需要的“适应性改造”。**

对终端物理设备的适应性改造，主要是给设备植入“操作系统”（软件和硬件）。

就像我们手机和电脑，有的手机使用 Android 系统，有的是 iOS 系统；有的电脑使用 Windows 系统，有的是 Linux 系统，有了这些操作系统，人们就可以把物理设备和网络连接起来，通过网络对设备进行实时连接及智能操控。

人们常说的车联网，也是一种车载操作系统，用来管理和控制车载硬件与软件资源，通过车载操作系统，汽车可以与城市交通大脑建立连接，提供辅助驾驶、半自动驾驶甚至自动驾驶等 AI 功能。

未来，家庭里的空调、冰箱，马路上的轿车、公交车，工厂里的机器、仪表，都可能需要被植入这样的“操作系统”。

理论上来说，Android、iOS、Windows、Linux 等操作系统，都可以进行适应性改造后应用于其他物理设备之上，苹果公司开发的智能手表 Apple Watch 的操作系统 watchOS，就是基于 iOS 系统进行开发的，Apple TV 使用的 tvOS 也是源自 iOS，未来苹果推出的其他包括汽车等在内的设备操作系统，也都可能基于 iOS 进行开发。

但是，就像在 PC 互联网阶段 Windows、Linux 系统好用，在移动互联网阶段 Android、iOS 系统更好用一样，5G 万物智能网联时代，也需要对“操作系统”进行适应性改造，甚至要针对智能场景推出新的更好用的操作系统。

这里，我们重点介绍一下百度和华为针对数智化场景“操作系统”的研发。

百度针对未来人工智能的场景需要，目前已经推出了两款人工智能操作系统，一个是汽车自动驾驶系统 Apollo，另一个是对话式人工智能操作系统 DuerOS，截至 2019 年 7 月 DuerOS 系统设备已经安装了 4 亿台。

华为针对未来人与机器智能网联的需要，给出的方案是自主开发的 HarmonyOS 操作系统。它于 2019 年 8 月 9 日在华为开发者大会上被正式发布，按照华为的设想，未来 HarmonyOS 将成为开源的操作系统。

HarmonyOS 是第一个适用于所有场景的基于微内核分布式操作系统，在操作系统中首次使用了分布式架构，开发者能够聚焦自身业务逻辑，像开发同一终端一样开发跨终端分布式应用，消费者也可以享受到跨终端的无缝体验，它可以运行在智能手机、智能扬声器、计算机、智能手表、无线耳机、汽车与平板电脑上，也可以兼容 Linux 与 Android 应用。

在 2015 年的华为网络大会上，华为还发布了轻量级的物联网操作系统 LiteOS。LiteOS 是华为面向物联网领域开发的基于实时内核的轻量级操作系统，可以更好地支持低功耗场景，提供云端协同能力，可广泛应用于智能家居、个人穿戴、车联网、城市公共服务、制造业等领域。

对于 LiteOS，华为消费者业务首席战略官曾表示，LiteOS 后续会融入 Harmony OS。所以，LiteOS 可能只是一个过渡性的操作系统，说明华为对未来智能场景的操作系统也一直在进行适应性迭代。

未来，5G 普及之后，人类设想的很多智能场景将会逐一成为现实，我们身边的每一台设备终端，都将被植入能够适应人与机器智能网联的“操作系统”，这样的设备量可能会达到百亿、千亿规模，但无论是 HarmonyOS，还是 DuerOS，这些操作系统还会被不断迭代升级改造，以适应未来智能化场景的更多需要。

第四章

触摸物理世界：轻资产驾驭重资产，互联网长出无数只“手”

数智经济催生数据智能，会带来全新的“生命物种”吗？

人们一直相信，在碳基生命之外，还有硅基生命。硅基生命作为一种“科学假说”，常常在科幻作品中出现，没有人真正见过硅基生命的样子，唯一可以肯定的是，硅基生命也和人类生命一样，能够触摸和感知世界。

进入数智经济时代，硅基生命形态有望从“假说”走向现实，因为在IPv6、5G和物联网操作系统等数智化基础设施之上，将会诞生出成百上千种全新的“硅基生命”形态——数智化新物种。数智经济将把数据智能赋予万物，让万物成为享有智能的新物种，让它们像生命一样拥有一定的感知、思考和决策的能力，能够**进行包括“环境感知”“情景识别”和“智能决策”在内的类生命活动**。

之所以称这些数智化新物种为“硅基生命”，主要是因为它们的生命活动依托于各种“芯片”，包括遍布其身的传感器芯片、帮助进行情境识别的AI芯片以及进行辅助决策的边缘计算芯片，这些芯片都是由硅元素构成，可以说，“硅基”是它们得以成为“全新生命形态”的根本。随着科技的发展，碳芯片因为在性能和能耗方面的表现要优于硅芯片，未来的数智化新物种也有可能是“碳基生命”，但不管数智化新物种会成为“碳基生命”还是“硅基生命”，它们最终都会像生命一样去思考和触摸物理世界。

数智化新物种并非稀罕物，它们的“外形骨架”，我们早已司空见惯，不过就是我们身边的汽车、空调、冰箱等设备，以及厂房、楼宇、公路等设施，但经过数智化改造之后，它们却有了不一样的“生命内涵”，这些沉重的重资产躯壳会被数智化驱动，产生出“环境感知”“情景识别”和“智能决策”等能力，设备设施内将会生长出无数只手，可以深度触摸和感知它们身处的物理世界。譬如，现在各大互联网公司和汽车厂商竞相研发的“自动驾驶汽车”，就是具备“环境感知”“情景识别”和“智能决策”等能力的硅基生命。

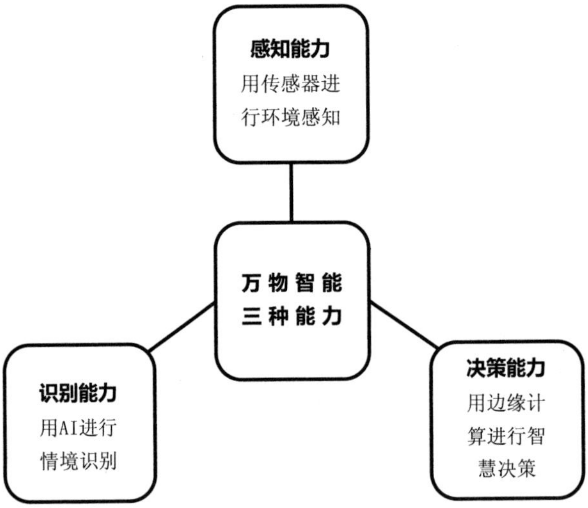

数智经济开启“万物智能”：环境感知、情境识别和智慧决策

1. 传感器与环境感知

万物享有智能的第一个层级，是传感器赋予的“环境感知能力”。

传感器是物联网的基本工作单元，小小的“传感器”，将在数智经济中担当大任，它们会赋予各种物理设备和设施环境感知的能力，帮助设备设施感知周边环境，并从环境中提取数据信息，我们的智能手机就安装了很多传感器，包括GPS、重力感应、红外感应、摄像头、环境光感受器等。

从生物学角度来看，一个个传感器就像是人类的皮肤和感官，人类凭借皮肤和感官来知觉周围环境的变化，比如，皮肤可以感知温度，眼睛可以感知光线，鼻子可以感知味道，耳朵可以感知声音，而数智化设备设施则通过各种传感器来感知温度、光线、味道和声音等，传感器就像是它们触摸和感知物理世界的皮肤和感官。

按照感知功能，传感器可分为热敏、光敏、气敏、力敏、磁敏、湿敏、声敏、射频、色敏和味敏等十大类，基本上，生命能够感知的东西，传感器都可以帮助物体进行感知，传感器虽小，却是万物智能的基础，正是传感器让物体有了触觉、听觉和嗅觉等环境感知能力，让物体能够活起来。

即便是自然界最低等级的生物，也有“感知”的能力，能够对外部环境刺激产生“应激性”，因此传感器将是万物智能的重要一环，相信未来传感器远比低等生物的感知能力更为强大。目前传感器本身已经朝着智能化的方向发展，人们将传感器与微型计算机、终端人工智能相结合，不仅能够从周围环境中收集信息，还可以具备一定的信息处理功能，比如对异常数据进行判断、识别，对“声、光、电、热、力”等进行综合感知，这相当于让传感器也有了一个简单的“大脑”，使其成为数智经济中“分布式智能”的一环。

在数智经济时代，几乎所有终端设备、设施都需要安装传感器，从而完成信息的收集并进行处理。比如，在工业4.0时代，传感器用来监视和控制生产过程中的参数，实现设备的智能化控制并保持正常的工作状态；在智能家居领域，传感器是实现用户和电视、冰箱、音响等互动的基础；在无人驾驶领域，需要通过传感器对交通和环境数据进行采集，才能保证汽车在道路上的安全行驶。

2. 人工智能与情境识别

万物享有智能的第二个层级，是人工智能赋予的“情境识别能力”。

自然界中，很多生物都有环境感知能力，但只有高等生物才能够根据环境感知收集到的数据进行“情境识别”。高等生物可以识别出周围环境中是否存在威胁，可以通过大脑把看到的光线变成可理解的图像，可以清楚地识别不同声音所代表的不同含义等，这些情境识别能力有助于高等生物做出正确的决策。

机器设备能有情境识别能力吗？马路上的汽车能判断出前面出现的物体吗？工厂里的机器能识别出哪件是残次品吗？家里的智能音箱能知道主人对它说了什么吗？

对于情境识别，传感器是无能为力的，但在人工智能面前，这些问题却都可以迎刃而解，“传感器＋人工智能”的组合，可以说是万物智能的一对“黄金搭档”。

2012 年以来，深度学习（Deep Learning）突破了诸多经典的人工智能问题，并在计算机视觉、自然语言处理以及语音识别等领域大放异彩，相关人工智能如雨后春笋般涌现，在一定程度上，“人工智能”正在复制“人类智能”，这意味着未来机器设备将可以跟人一样具有情境识别能力。

目前，深度学习已经是实现人工智能的一种重要方法，在具体技术层面，深度学习（Deep Learning）运用深层架构深度神经网络的机器学习方法，比如卷积神经网络就特别适合图像处理、语音识别。目前主流的语音识别和影像辨识系统都是以卷积神经网络技术来完成，像各手机厂商宣传的 AI 拍照功能，以及此前红遍大街小巷的 AlphaGo 都是基于这种结构。可以说，基于深度学习的人工智能，情境识别能力已经媲美人类智能。目前，这些深度神经网络方法被大量应用在自动驾驶、语音识别、图像识别、AI 游戏等领域。

除了深度学习技术，人工智能专用芯片的发展，也推动了人工智能情境识别能力的提升。比如自动驾驶的汽车就需要人工智能专用芯片，汽车在行驶过程中需要识别道路、行人以及红绿灯的变化状况，这些情况很多时候是突发的，如果我们利用传统芯片做突发路况计算，计算速度不但非常慢而且能耗也非常高，遇到突发状况自动驾驶汽车会来不及识别突发状况，无法做出正确的分析和决策，使得终端无法做出刹车反应。

现在，人们根据需要正在开发各种类型的人工智能芯片。深度学习人工神经网络算法包括“训练”和“推断”两个环节，由于需要大量数据去训练人工神经网络，因此训练主要在云端进行，百度在 2018 年的 AI 开发者大会上就推出了昆仑芯片——中国首款云端全功能 AI 芯片，而终端芯片更侧重低成本和低功耗，目前中国的人工智能芯片初创企业主要布局在这个领域。

基于深度学习的人工智能已经广泛应用到各个领域，包括医药、游戏、机器人、自动驾驶等领域，人工智能可以很好地帮助机器设备进行情境识别，可以预见的是，未来不仅万物会享有智能，而且人工智能可能会让万物享有高等级的智能。

3. 边缘计算与智能决策

万物享有智能的第三个层级，是边缘计算赋予“智能决策能力”。

2020 年，5G 进入全面爆发和大规模普及阶段，物联网市场将真正进入“边缘计算元年”。

对于各种智能终端来说，用传感器收集信息仅仅是“初级智能”，用人工智能进行情境识别也只是“中级智能”，要想让智能终端有条不紊地进行智能化作业，实现“完全的智能”，就需要下一个重要环节——对信息和情境进行综合分析和决策，进而反馈到智能终端做出相应反应，这个环节就需要“边缘计算”（准确地说是“云边计算”）。

边缘计算在数智经济运行中将扮演极为重要的角色，是实现人和万物智能网联的关键环节。边缘计算对于数智经济的作用，丝毫不逊于云计算对于数字经济的作用，边缘计算可以看作是撬动整个物理世界在网络上运行的杠杆，没有这个杠杠，互联网就无法依托智能设备来触摸和操控物理世界。

我们可以这样理解边缘计算对于万物智能的意义——传感器实现的是万物感知，人工智能实现的是万物识别，边缘计算实现的则是万物决策。可以说，把智能决策从中心化的云端进一步扩展到边缘侧的终端，是经济社会从数字经济向数智经济升级的关键一环。

那么，什么是边缘计算？

边缘计算，顾名思义，就是数据存储、数据处理和应用程序等主要集中在网络边缘侧，而不是像云计算一样放在云端进行。云计算的决策主要发生在云端，而边缘计算的决策主要发生在终端，如果不考虑可能的云边协同，边缘计算也可以看作是“终端的云计算”。

与云计算不同，边缘计算是在靠近数据源头的地方融合了网络、计算、存储、应用等核心能力，就近提供边缘智能服务，以满足人与万物智能网联在敏捷连接、实时业务、数据优化、应用智能、安全与隐私保护等方面的关键需求。

同时，云计算重在把握整体，边缘计算更专注于局部。传统的云计算强调中心化的整体计算能力，一般由一堆集中的高性能计算设备完成计算，擅长周期长的大数据分析，能够在周期性维护、业务决策等领域运行。边缘计算则着眼于实时、短周期数据的分析，更好地支撑本地业务及时处理执行，边缘计算具有分布式、低延时、安全性更高等诸多特征，使得移动业务部署更加方便，满足广泛接入。

以智能交通为例，边缘计算可以为智能交通灯提供灵活、低时延的服务。当智能交通灯根据车流量来自动指挥车辆通行时，要想提高通行效率，避免出现车辆在对向车道没有车时也要停车等红灯情况，就需要在交通灯的边缘侧进行实时计算，让每个交通灯自己都有计算能力，从而自行完成智能指挥，这时就需要通过边缘计算来完成，如果城市中的所有交通灯都通过云计算统一指挥，不仅不能提高通行效率，还容易出差错。

为了更好了解边缘计算，我们可以参照一下地球上的魔性生物——章鱼。

章鱼被称为“地球上的外星人”，是公认的最聪明的海洋生物之一，其体内拥有巨量的神经元，但60%神经元分布在章鱼的八条腕足上，脑部仅有40%神经元。章鱼可以用八条腕足进行站立、行走、爬行、游泳、捕食猎物、打开贝壳、抓取目标、探索环境、伪装、收集石头、挖洞等行为，甚至可以改变体内蛋白质的特性和功能，来适应环境变化。

2019年，一个美国科学团队在对章鱼的基因组进行深入研究后，初步解开了章鱼神经系统的实际运作机制：章鱼拥有“分布式的智慧”，章鱼8条腕足高度自主行动的能力，它的大脑只要下达一个命令，八条腕足就能自己“思考”解决问题，就好像腕足也拥有“大脑”，八条腕足可各自行动，信息无需经过大脑运算、决策，不用大脑指挥，即便面对一些复杂行为，腕足之间也可以在不经过大脑的情况下来互相沟通和交换信息。

事实上，当我们对标数智经济的运行就可以发现，章鱼的“分布式智慧”正是人与万物智能万联所需要的运行逻辑。章鱼通过大脑和腕足的相互配合，在捕猎时异常灵巧迅速，腕足之间配合极好，不会缠绕打结，其实，章鱼的大脑可以看作是云计算，腕足可以看作多个分布式的边缘计算，这种“分布式小脑＋中心化大脑”相互配合的运行逻辑，正是未来数智经济所需要的运行逻辑。

未来，网络边缘侧所产生的数据量级非常巨大，这将导致网络流量压力过大，一些设备的低时延、实时协同工作的效果难以保证。如果终端设备能像章鱼一样，采用边缘计算的方式，海量数据能够就近处理，大量的设备也能实现高效协同工作，诸多问题就迎刃而解了，边缘计算可满足许多行业在敏捷性、实时性、数据优化、应用智能以及安全与隐私保护等方面的关键需求。

第五章

抵达智能社会：从“数字经济”到“数智经济”，人类的超智能社会狂想

在前面两个章节中，我们分别介绍了进入“数智经济”阶段之后，人类如何通过互联网技术来“锁定智能场景”和“触摸物理世界”，这两者也是数智经济不同于数字经济的两大基本特征。

“锁定智能场景”，指的是以人为中心的所有场景都将实现“数智化”。从家庭生活、工厂生产到城市运行，人们日常生产、生活所涉及的场景都将联网数智化运行，开车可以是数智化的，做饭也可以是数智化的，逛商场也可以是数智化的，总之，在数智经济时代，所有与人相关的场景都可以数智化。

“触摸物理世界”，指的是以设备为中心的所有场景也将走向“数智化”。在数智经济阶段，互联网将会帮助物理设备“长出皮肤”“长出无数只手”，去触摸广阔的物理世界，汽车可以感知公路哪里拥堵，行船可以感知水流的深浅，蔬菜大棚可以感知空气的湿度，互联网甚至还能帮助设备“长出大脑”，让设备可以像人一样思考和决策。

进入数智经济时代，一旦拥有了“锁定智能场景”和“触摸物理世界”这两项能力，人类就像被上天赋予了“神通”一样，改造大自然的能力将会发生根本性的质变，并在社会生活的各个方面产生一连串的“连锁反应”，通过对社会生产生活进行全面的“数智化”改造升级，我们将从一个机械化运行的“工业化社会”，进入到未来智能化运行的“超智能社会”。

商业向心力实验室指出，按照互联网商业的迭代规律，数智经济帮助人类驶入超智能社会，极有可能是一个“三步走”的迭代进化过程：

第一步，唤醒万物。通过在设备中植入智能操作系统、智能感知系统和智能 AI 系统，把物理世界的万事万物在虚拟的互联网世界中进行“唤醒”，物理世界的各种设备和万事万物都不再是沉睡着的、无生命的个体，而将是醒着的、会思考的生命体。

第二步，轻资产驾驭重资产。海量设备和万事万物被“唤醒”之后，就如同生物有着“灵与肉”一样，每一台设备的钢铁之躯，都会附着一个“数智之魂”，虚拟的互联网世界和实体的物理世界将因此融合成为一个“统一体”，数智之魂来驱动钢铁之躯，虚拟的互联网轻资产就可以驾驭实体物理重资产。

第三步，人类智能操控物理世界。未来，脑机接口将会出现，人类大脑与机器大脑将建立连接，每一台设备的“数智之魂”和“钢铁之躯”，都将会按照人类的意志来智慧化运行，人的意志将智能操控“轻资产驾驭重资产”的运行。就好比人体内的神经网络从皮肤下生长出来，向广阔的网络空间和物理空间不断蔓延，把神经突触伸展到互联网虚拟世界的每一个角落，也让神经突触附着在每一台物理设备的表面。

1. 唤醒万物

机器也会享有“睡眠”？

其实，“睡眠”并不只是生命体的专利，用鼠标点击你电脑左下角的“窗口”界面，找到“关机”按钮所在的位置，在它的旁边除了有“重启”“注销”“锁定”等选项，还有“睡眠”和“休眠”选项，当人们离开电脑时，点击“睡眠”选项让电脑进入待机模式，下次需要电脑时，敲击一下键盘，电脑就会被“唤醒”。

数智经济会“唤醒万物”，与“唤醒”电脑有相同之处，也有不同之处，它包含着两个层面的意思：

（1）就物理设备的存在形式而言，它们会从物理空间里的“死物”变成网络空间中的“活物”。未来的数智经济时代，物理世界的万事万物都将会告别“昏死”状态，在虚拟的互联网世界中被——“唤醒”，当被植入智能操作系统和各种软件之后，它们再也不是一个个没有生命的铁疙瘩，而是被赋予生命气息和机器智能的“生命体”。

（2）就物理设备的工作状态而言，它们将可以在工作、待机和唤醒中自由切换，确保实时在线响应智能网联。在不同状态——在线工作、待机睡眠和被重新唤醒中进行实时切换，将成为机器设备在智能网络空间运行的一种常态，机器设备就像是我们身边的一个个“精灵”，时刻等待着人类或虚拟网络给它们下达决策指令，并实时做出相应的行动反馈。

就像生命体需要适当休息才能保持活力一样，智能设备也不能总是在线工作，因为工作状态会消耗太多的能源和算力，这时候就需要让设备能够适时“休息”。当然，机器的休息并不是真的不工作了，而是像电脑一样会处于“待机”状态，可以随时被智能网联“唤醒”并实时传递数据和对系统决策流做出响应。

我们把机器的这种“既休息又工作”的状态，形象地称为“机器在睡眠”。比如，作为一款已经非常普及的智能终端，很多家庭里都有的智能音箱，就经常处于“睡眠”的状态，当你不跟它做交流的时候，就会处于睡眠状态；当你需要它响应你，比如唱歌或定闹钟的时候，就随时可以“唤醒”它。

总之，未来数智经济的万物智能网联，将带来一个机器设备在线的智能社会，作为智能终端的机器设备，会“工作”，也会“睡眠”，还会被“唤醒”，物理世界的万事万物都不再是无生命的个体，而是会思考的生命体。

未来，我们身边智能联网的很多智能终端，比如打印机、冰箱、饮水机、汽车、路灯、飞机、工厂生产线等机器设备，都将会拥有这种“睡眠”状态，介于工作与不工作之间，等待着被人类或智能决策系统唤醒，你可以喊旁边的打印机帮你打印一张照片，也可以喊饮水机给你烧一杯热水，你可以对身边的很多似睡非睡的机器说话，像是招呼家里的宠物，像是跟自己的孩子交流，这样的超智能社会是不是非常酷呢？

2. 轻资产驾驭重资产

唤醒万物还只是数智经济走出的“一小步”，也是人类超智能社会发展的一个“初级阶段”。

数智经济更深入的发展将实现“轻资产驾驭重资产”，也就是用互联网的“数智之魂”驱动物理设备的“钢铁之躯”，让物理设备的运行不再依赖人工辅助操作和干预。

就像刚刚出生的婴儿，想要拥有智慧，就需要几年甚至几十年时间的成长，数智经济将万事万物从昏死中唤醒，成为人们生活中的一个个小精灵，也同样是一个生命诞生和成长的过程，它们不会一蹴而就地拥有“智慧”，而是需要经过不断地被智慧赋能、迭代和驯化。

我们以车联网为例，最初版的车联网系统，只是让汽车成为一台可以联网的设备，连接了车载娱乐系统和导航服务，却无法实现自动驾驶功能，甚至连辅助驾驶的功能也不具备，这样的联网车辆就相当于是一个刚刚降生的“婴儿”。

再后来，随着环境感知、行为决策和车辆控制等人工智能技术被植入车联网系统，汽车开始有了云边协同的辅助智能决策系统，人类就可以在不是特别复杂的路况和特定道路上，把车辆交给车联网进行自动驾驶，也就是“数智之魂可以驱动钢铁之躯”了，这时的联网车辆相当于拥有了一定认知和行动能力的“幼儿”。

未来，如果相关的人工智能技术发展得足够成熟，汽车在车联网的智能操控下，将实现全路况环境的完全自动驾驶，人类只需告诉车辆目的地，车辆就会在车联网系统的操控下自动驶往目标地点，不需要任何人工操作的介入和干预，也就是“数智之魂能够完全驾驭钢铁之躯”，轻资产可以驾驭重资产了，这时的联网车辆就相当于拥有了完全认知和行动能力的“成年人”。

物理世界其他设备的数智化，都会经历跟“汽车”同样的智慧迭代过程，它们先是被智能网络“唤醒”，然后被人工智能“智化”，最后被虚拟世界的“数智大脑”完全地智能操控，从而实现一次“轻资产驾驭重资产”的超智能蜕变，这也是数智经济时代所有物理设备的终极宿命。

3. 人类智能操控物理世界

当虚拟网络和物理设备建立起“灵与肉”的紧密联系，数智大脑可以驱动钢铁之躯之后，人类要去做什么呢?

作为万物之灵的人类，不可能成为超智能社会里的“旁观者”，“轻资产驾驭重资产”依然不是超智能社会的终点，人类大脑这么灵活好用，充满了无穷的创造力，功耗还不到最强大 AI 的百万分之一，怎么可能被束之高阁呢，人类肯定还是数智世界的控制者。

现实中，总有人喜欢用虚拟世界的“AI 大脑”和我们人类的大脑作对比，制造各种“AI 将替代人类”的噱头，更有一些人认为 AI 将会控制人类。但真实的情况是怎样的呢？

普通人脑的功耗只有不到 20 瓦，人脑工作时不需要风扇散热，也不需要水冷散热，即便是超负荷地工作，也只是头皮出出汗而已。汽车、电脑、飞机坏掉了，维修工很快就能修好，我们见过哪家人工智能可以修理汽车、电脑、飞机的？所以，人类要对自己有信心，到任何时候，生物大脑的效率都是最高的，也是最有创造力的，除非有高等的生物文明出现，否则遵从生物效率的人脑就不可能被机器超越。

所以，超智能社会未来将要抵达的终点，必然是人类智能操控由虚拟网络和智能设备构建的“数智世界”，而不是人脑被 AI 控制、人类被机器替代。

但问题是，人类的大脑和互联网的数智大脑之间并不相通，人类不能与数智大脑产生“心有灵犀”的联系，那么，人脑要如何才能智能控制数智世界呢？

第一种方式，就是让 AI 读懂人类的“语言”。当 AI 可以理解人类的“语言”（包括声音语言和肢体语言等），人们就能够通过各种“语言”给数智世界里的 AI 大脑下达命令了，数智世界的 AI 大脑会按照人类的这些指令做执行，百度等互联网公司正在做的“对话式人工智能”，就可以充当这样的角色。

第二种方式，就是让 AI 读懂人类的“大脑”。现在，埃隆 • 马斯克就有一家公司 Neuralink，专门从事脑机接口的研发，马斯克称之为“神经蕾丝”技术，在人脑中植入细小的电极，来读懂人脑的想法，目前该技术已经可以让一只猴子操控电脑，他计划实现人脑与电脑连接。

现实生活中已经存在的很多智能场景，比如智能家居的场景，智能驾驶的场景，就是让智能机器读懂人类的声音或文字语言，然后按照人的指令执行，如果没有人类将决策流输出给 AI，AI 最终就只能是虚拟世界里的一群无头苍蝇而已，因为它们的大脑没有创造力，所以面对复杂世界时根本无所适从。

类似机器控制人类的观点，只是不懂数智经济的人凭空想象而已，在未来的超智能社会里，当你坐在沙发上说想吃牛排时，很快就会有机器人配送上你最喜欢的五分熟牛排，而不是你刚开口，就有一群机器人揪住你的头发说："你竟然想吃牛排！"

从现在来看，超智能社会从"唤醒万物""轻资产驾驭重资产"到"人类智能操控数智世界"的"三步走"，很可能是一个平行迭代的过程，也就是没有了时间的先后之分，只要技术条件成熟，这三步可以在相应的垂直领域同时落地，比如在智能家居领域，人类就会最先进入到超智能社会。

第六章

智化产业全链：从“互联网 +”到“智能 +”，分布式智能渗入产业全链路

发展数智经济，步入智能社会的过程中，人们面临的最大难题不是连接和智化海量设备，而是如何疏导万物智能网联带来的“数据洪流”和“算力黑洞”难题。

数据洪流有多恐怖？

美国互联网数据中心指出，互联网的数据每年将增长 50%。

相关机构预测，到 2020 年全球联网设备数量将达到 260 亿，全球联网设备带来数据将达到 44ZB，而华为预测到 2025 年全球物联网设备数量更将高达 1 000 亿件。

联网设备从 260 亿增长到 1 000 亿，需要处理的互联网数据也将呈几何级增长，IDC 预计，2018—2025 年期间，物联网设备产生的数据量将以 28.7% 的复合年增长率迅速增长。

而伴随数据洪流而生的，**还有“算力黑洞”的难题。**

如果还像数字经济阶段一样，把所有的数据都集中到中心化的数据中心

进行云端存储和计算，现有数据中心的算力将难以负荷。同时数据中心的电力供应也是一个大问题，2018 年，中国全部数据中心的耗电量就已经占到了全国用电总量的 2.35%。

更为重要的是，除了要考虑新增数据量需要的算力，还要考虑数智经济引入更多 AI 带来的算力消耗，这可以说是一个天文数字。

而 AI 算力的需求正在以每年 10 倍的速度增长。OpenAI 发布的报告就指出，从 2012 年到 2018 年的几年间，全球 AI 算力的需求增长了 30 万倍，而算力需求还在以每 3.5 个月翻一番的速度增长，这也被认为是 AI 算力领域的“摩尔定律”。

面对数智经济的“数据洪流”和“算力黑洞”，一方面人们需要研发更高效的量子存储、量子计算机来替代现有云计算数据中心技术，另一方面人们也需要给云计算和数据中心减负，由中心化数据处理变为分布式数据处理，让更多的数据存储和计算在终端与过程环节中就被消化掉，实现“智能 +”在云端大脑、运营商网络到终端边缘侧的全链协同，具体的做法包括**“智能自治网络”“云边智能协同”和“终端智能自治”**。

1. 智能自治网络

简单而言，智能自治网络就是人工智能与通信网络融合发展，主要针对电信运营商，运营商不能再像 3G、4G 时代一样，只充当传输中介的角色，简单传递网络数据信息，还要能够用人工智能的办法更好地疏导“数据洪流”，担当起数智经济“分布式智能”的角色。

未来的运营商网络将是“智能自治网络”，运营商不仅要搭建好信息传输的“管道”，还要用 AI 管理好管道内的“数据流”，实现更智能的流量传输。

“智能自治网络”的理念，有点类似于正在发展的“泛在电力物联网”概念等，电力企业不只负责架设电线、变电站和电表等硬件设施输送电力，还要用软件和 AI 对电力传输进行智能控制，包括智能预测电力需求变化对电力供应进行弹性控制等。

目前，GSMA（全球移动通信系统协会）已经联合产业界就智能自治网络制定了“发展路线图”。

2019 年 10 月，GSMA 联合华为等合作伙伴发布了《智能自治网络案例报告》白皮书。白皮书中指出，5G 时代需要一个高度智能的自动化网络，并逐步向智能自治网络演进，同时，实现智能自治网络需要“分层自治、垂直协同”的创新架构变革，完全自治网络将会分级实现。

GSMA 在白皮书中呼吁产业界共同定义智能自治网络分级标准，并提出网络可能会按照辅助运营网络（L1）、初级智能自治网络（L2）、中级智能自治网络（L3）、高级智能自治网络（L4）、完全智能自治网络（L5）这五级逐步推进。

白皮书还指出，将人工智能应用在移动网络中所带来的网络自动化能力，是除了 3GPP 定义的 5G eMBB、mMTC、URLLC 三维外，5G 业务繁荣不可或缺的第四维。目前，全球很多运营商、设备商和第三方厂商已经开始了对智能自治网络的探索，包括网络流量预测、基站自动部署、故障自动定位、按需体验优化等应用案例不断涌现。

智能自治网络可以理解为是数智经济的“神经中枢”，其重要性不言而喻，如果没有这个神经中枢连接起“数智大脑”和遍布数智世界的“神经网络”，人类不仅无法进入理想中的超智能社会，相反，人类精心建立起来的互联网社会也可能被数据洪流所吞噬。

2. 云边智能协同

云边智能协同指的是通过“云计算”和“边缘计算”各司其职、相互协同的方式，将人工智能部署在云边两端，并将数据存储和计算也放在云边两端的万物智能网联模式。

经过 2014—2019 年数字经济发展阶段，中心化的云端智能已相对成熟，阿里巴巴、腾讯、百度等巨头的云计算在金融、物流、教育、医疗、零售、制造、农业、政务等数十个场景中落地，云端智能已经成为数字经济蓬勃发展的重要依托。

但与纯粹的云端智能方案相比，数智经济的分布式云边智能协同具有更多优点，一是避免数据和 AI 都集中在云端造成云计算数据中心的压力，未来有 55% 的物联网数据将在数据源头附近进行处理；二是减少数据远程传输带来的延迟问题，便于边缘侧业务的敏捷运行。

在一个只有“云”的世界中，数据可能要传输数百甚至数千公里，延迟在所难免，而云边协同可以有效解决这一问题。尤其对数智经济中的工业互联网、能源互联网、智慧交通、智慧农业、智能家居等场景而言，不只是数据来源广、数据量庞大，其采集的数据往往在几毫秒内就会发生重大的变化，因此企业提升将数据转换为“洞察力”再转换为“执行力”的速度，就显得尤为关键。所以，云边协同不仅是智能的需要，也是企业工业控制、机器控制的需要，这些场景需要数智网络能够尽量降低“延迟”，让智能网联变得更加敏捷。

相比于数据处理的云边协同，AI 的云边协同则更重要。

由于开发难度大，对应用环境要求高，目前绝大多数 AI 其实都是集中在云端，比如百度 AI 开放平台已经开放的 200 多项 AI 能力，基本上都属于云端 AI。但在数智经济时代，边缘智能（终端智能）也将会崛起，一些基础的、对算力环境要求较低的 AI 将会被部署在边缘侧，AI 也将呈现云边协同的新格局。

未来的趋势是，在靠近物或数据源头的网络边缘侧，也要建立融合网络、计算、存储、应用、AI 等核心能力的开放平台，就近提供边缘智能服务，满足行业数智化在敏捷连接、实时业务、数据优化、应用智能、安全与隐私保护等方面的需求。

3. 终端智能自治

数智经济和数字经济最本质的不同是什么？答案可能是决策逻辑的不同。

在第二章中我们已经讲到，数智经济除了要“连接物”“智化物”，它的决策逻辑也与数字经济不同，传统数字经济遵从的是中心化的决策逻辑，云端是智能决策的中心；但数智经济则不同，它是一种分布式的决策逻辑，云、管、边、端各环节均可以参与或做出智能决策。

“终端智能自治”就是分布式智能决策的典型例子，它是指数智经济中人们将把部分智能决策的主导权放在终端和边缘侧，不需要云端参与，甚至也不需要把数据传送给云端。

比如，一条公路上相隔不远行驶着几辆自动驾驶汽车，当其中一辆想要超车时，如果把所有的行驶数据都上传到云端，等待云端做出超车的决策，再把决策流输出给每一辆汽车，这样的方式将增加处理时延和网络复杂性，尽管它符合传统数字经济中心化决策的逻辑，但却明显不是数智经济追求的“最优解”。在数智经济的决策逻辑中，为了降低整体的智能决策的复杂性，最大化降低时延和减轻云端计算压力，这几辆汽车之间可以组成局域网来智能通信，几辆车通过 P2P（点对点）的形式（绕开云端）做出决策，从而实现一次简单的车联网“终端智能自治”。

“终端智能自治”比较适合环境比较简单、封闭的场景，比如停车场、办公楼、学校校园以及家庭等场景，一方面它可以显著降低整体决策的复杂性，另一方面也可以保证本地数据的私密性和绝对安全，尤其对普通家庭场景，很多本地信息（视频、语音、消费喜好等）都颇为敏感和私密，如果全部上传到云端，会增加被大数据杀熟、遭遇黑客劫持等潜在风险。

第七章

辟路智慧商业：从“数字生产力”到“看不见的脑”，智慧商业领衔新经济

“智能”的进化非一日之功。

从最原始的真核生物在地球上诞生，到寒武纪古老的三叶虫出现，再到中生代恐龙统治地球，新生代演化出早期的哺乳动物始乳齿象，直到人猿相揖别，诞生拥有高等智慧的人类，**地球从单核细胞的“智能”演化出现代人类的“智能”用了 20 多亿年的时间**。

相比之下，互联网智慧商业的进化，可比人类智能的进化快多了，中国互联网智慧商业从最早的电子商务到市场网络的形成再到数字经济的崛起，直至今天数智经济的浪潮席卷而来，也只用了 20 多年的时间。

同样是“智能”的进化，**互联网智慧商业只用 20 年时间就走完了地球智能 20 亿年的进化史**，这堪称是一个奇迹。

就像推动地球文明进步的是拥有高等智慧的人类一样，如今推动互联网商业文明进步的中坚力量，也不再是“三叶虫、恐龙、始乳齿象”一样的普通物种，而是掌握着“数字生产力”和“看不见的脑”的互联网商业新物种。

在商业向心力实验室看来，未来推动数智经济蓬勃发展的商业新物种，

普遍具有三大典型特征：**资产数字化、数字生产力和看不见的脑**，这些特征与我们以往看到的传统经济中的商业物种都截然不同，其智慧程度的差别甚至超过了“人类和虫子”的差别。

1. 资产数字化

大约在4亿年前，海洋生物开始络绎不绝地登上了陆地，从此便在广袤的土地上繁衍生息。现在，在数智经济财富变局的大机遇面前，地球上的商业要素也正在经历着另外一场史无前例的大迁徙——“资产数字化”，几乎所有的商业要素都在从物理世界走向虚拟网络。

这场资产数字化的迁徙，是通往互联网智慧商业终局的一次意义非凡的“集体进化”，经由这次迁徙，虚拟网络中的轻资产将与物理世界的重资产建立起“灵与肉”的紧密联系。

人们虽然都有一个独立的身体，但肉体必须受到心灵的支配。人们的身体只能在有限的时间和空间内活动，行动范围和反应速度也都严重受限，但心灵却可以随心所欲地跨越数千年、数万年，数千里、数万里，即便跨越了几十个世纪，我们依然会受到“仁者爱人”“老吾老，以及人之老”等先贤思想的“支配”。

资产数字化的意义就在于此，唯有让数字资产与物理资产建立起“灵与肉”的联系，让经济社会可以随心所欲地用虚拟网络轻资产去驾驭实体世界重资产，人类才能真正开启一个崭新的数智经济时代。

2020年开始，资产数字化迁徙有望迎来一轮总爆发，人类物理空间中的众多实体资产将从物理世界向虚拟世界快速迁移，每一项物理资产都可能在虚拟网络中找到一个对标，从而完成一次无可逆转的轻资产化变革，这个过程的持续时间，可能会有十数年到数十年之久。

未来，“数字资产”将是组成互联网智慧商业的基础商业要素，它们会广泛地存在于智慧商业世界的各个关节和角落中，各种数字资产在网络空间中的无障碍流通，将串联起整体的智慧商业生态，让新兴智慧商业的运行更轻便、更快捷和更高效。

同时，**所有的“数字资产”都会有一个共同特征，就是它们能够适应“秒级响应”的新兴智慧商业**。数字资产不再像传统重资产一样严格受到地理时空的限制，一方面它们彻底从传统的“重资产”躯壳中解放出来，成为一种新的、更轻的商业资产，另一方面它们又与传统重资产有着千丝万缕的联系，是数字化的重资产或者能够轻松驾驭传统重资产。

不久的将来，在互联网智慧商业的作用下，所有被数字化的商业要素资源将加速流动起来，商业将进入一个依靠数字资产来创造生产力的时代，重资产变成轻资产，轻资产驾驭重资产，商业世界的运行逻辑将从“重资产主导”向“轻资产主导”快速变轨。

2. 数字（孪生）生产力

这里简单介绍一下，数字生产力有些是虚拟互联网与物理世界数字孪生的（可以类比 DNA 双螺旋），比如智能工厂，因此可以称之为“数字孪生生产力”；有些是只在互联网虚拟世界中单链运行的（可以类比 RNA 单链）物理世界没有孪生对标物，比如微软小冰虚拟机器人，可以称之为“数字生产力”。

那么，“数字（孪生）生产力”具体应该如何定义呢？

一切具有一定自主思考和决策能力，并可即时响应供需或生产的互联网化商业要素，都可视为是“数字（孪生）生产力”，包括人、设备和商业组织等各种商业要素。换句话说，它须具备三个必要条件：一是可即时响应供需或生产，二是有一定的自主思考和决策能力，三是数字化或数字孪生的商业体。

商业向心力实验室预言，百年后的数智经济里，所有的资产都将是数字化或数字孪生的，公路是数字孪生的，建筑是数字孪生的，工厂是数字孪生的，设备是数字孪生的，甚至人也是被数字孪生的，经济社会将没有任何“纯物理性质”的生产力，只有一种生产力——就是“数字（孪生）生产力”。

按照这一定义，智能工厂就是数字孪生生产力，阿里的ET城市大脑、ET医疗大脑以及ET工业大脑也是数字（孪生）生产力，微众银行、小度智能音箱、腾讯Dreamwriter也都是数字生产力，数字生产力的典型特征就是“智化”，它不一定属于人工智能，但一定可以基于数据算法做决策。同时，数字（孪生）生产力还有一个辅助判断标准，就是它们都是通过使用大量数据带来所在行业生产力水平的革命性跃升。

实体性质的生产力，比如一台机器、一个工厂，即便再庞大，它们的商业驱动能力也是十分有限的，只局限在一个有限的空间之内，对市场的渗透程度和总体作用也有限。但数字（孪生）生产力则不同，哪怕一个很小的智能商业体，都可以打破一切的商业藩篱和边界，变身成一种无孔不入的、智慧化的驱动力量，建立起一个能够平滑、无障碍运行的数字市场，譬如微信、支付宝、今日头条等。

传统商业市场人们叫“自由市场”，自由市场以商品生产和交换为基础；**以数字（孪生）生产力为动力的智慧商业则属于“数字市场”**，数字市场以数据和连接为前提。

其区别在于，过去的生产力是机械的，生产工具本身不能做思考和决策，只能被动地执行生产指令。汽车不能思考和决策，需要司机来驾驶，工厂的机器不能思考和决策，需要人工来操作，所以，在自由市场条件下，有效的“管理”就成为商业成功的第一要义。

但数字市场是被数字（孪生）生产力驱动的市场，商业关系的确立依靠的是各种智能商业体，整个商业生态被一个又一个类似于人脑的“机器大脑”连接。在数字市场中，数字生产工具是高度智慧化的，其可以按照一定的数据算法做辅助决策和自主思考，它们既是更智能的生产力，也是数字市场构成的基本单元。在数字市场中，有很多“看不见的脑”在发挥资源优化配置作用，也有很多自治个体按照数字指令自主运行，传统意义上的“管理”在商业运行中的作用被很大程度地弱化，甚至于可能会“消失不见”。

而当“管理”从市场中消失，传统的经济学理论框架将遭遇严峻挑战，甚至沿用了几百年的经济学大厦在数智经济面前将面临崩塌。在相对论被提出之前，人们一直相信牛顿力学是真理，在量子力学被提出来之前，人们也对相对论深信不疑，科学尚且没有绝对的真理，传统经济学就更没那么坚如磐石了。所以，“数字生产力”将要带来的商业社会剧变，会远远超出我们的想象。

3. 看不见的脑

传统经济中，**“看不见的手”**发挥着资源配置的决定性作用；但在数智经济里，**“看不见的脑”**才是左右资源流向和配置的主导力量。

无论数智经济中“看不见的脑”，还是传统经济中“看不见的手”，它们都有一个共同的目标，那就是——帮助人们将资产放在正确的位置上。只不过，“看不见的脑”是用了一种更聪明和迅捷的方式，“看不见的手”则用了一种自然和缓慢的方法。

传统经济“看不见的手”带来的最大问题就是“结构性过剩”，“看不见的手”进行供需调节具有模糊性、滞后性和资产配置高成本的弊病。一方面传统经济环境下，市场的供给和需求的匹配对接需要很长时间和链路，市场自发供需匹配也是一种非常随机的“模糊匹配”，甚至我们说市场主体的供给和需求匹配是靠“猜”的也不为过，“看不见的手”无法像智慧商业一样做到供需的精准匹配和无缝对接；另一方面，传统经济学是基于“买/卖”的经济学，数智经济是基于“付费/使用”的经济学，“看不见的手”通过市场主体发生买卖关系来发挥作用，人们采用“买卖”的资产配置方式，其成本远高于互联网智慧商业下的付费“使用”，很多人根本负担不起买卖的成本，这就会导致一些负担不起的“刚需人群”被排除在市场之外，比如房地产行业，在传统经济中，房地产商盖好了房子就只能卖、不能租，这就把很多需要住房的人排除在市场之外，造成了供给侧结构性过剩，需求侧又结构性短缺，这是传统经济学无法破解的“悖论”。

所以，买卖交易是一种落后的经济学，“看不见的手”也是一种落后的市场资源配置形式，研究数智经济的付费使用才是经济学的未来归宿，经济学家要思考如何用“看不见的脑”达到最优化的市场资源配置。

价值一百万的两居室房子，重量高达几十吨重，换成现金的话只有几十斤，如果把房子进行数字资产确权，可能只有几十 KB 大小，线下现金交易一栋房产可能需要几天的时间，但数字资产确权以后进行网上交易只需要几秒钟，资产变得越轻，就越容易进行交易、流通和使用。

让笨重的重资产变轻，在网络空间里充分地流动起来，通过“看不见的脑”重排，让资产在正确的位置上发挥作用，可以更有效地对各种社会资产进行合理的市场化配置，以便减少资产的结构性过剩、闲置和浪费，充分发挥各种资产的社会价值。

一直以来，市场基于买卖的供需自我调节被我们称之为“看不见的手”。这里把市场基于云计算、大数据、人工智能等智慧化商业基础设施的供需调节称之为“看不见的脑”。“看不见的脑”可以帮助解决“看不见的手”解决不了的问题。

以云计算、大数据、人工智能等商业基础设施 2.0 构成的“看不见的脑”，完美解决了商业秒级响应、供需精准匹配和低成本资产配置的难题，更好地解决了资产的“结构性过剩”问题，“无形的脑”是消灭结构性过剩的根本手段。

很多人认为阿里生态的商业版图和支配的商业资产太庞大了，动辄几百亿美元的投资太过激进，但人们没有看到的是阿里巴巴在云计算、大数据、人工智能等商业基础设施 2.0 领域的商业地位，无论是以天猫、淘宝等为代表的电商基础设施，还是以盒马鲜生、银泰等新零售基础设施，或是菜鸟物流为代表的云物流、物联网基础设施……阿里在一定程度上掌控了中国智慧商业领域的“最强大脑”，这些“无形的脑”可以重排的商业资产远非国内任何一个商业主体可比拟。

在未来的万物互联、万物流动的智慧商业中，资产变轻是不可逆转的商业趋势，一切重资产都逃离不了被智慧商业“重排”的命运。因此，商业的未来是属于那些掌握着商业基础设施 2.0 的企业，是属于拥有着“看不见的脑”的企业，而所有无法做到或无法有效融入秒级商业响应的传统经济主体，都不可能通过市场中“看不见的手”做到“将资产放在正确的位置上”，因为在智慧商业生态中，商业响应滞后就意味着在竞争中挨打，供给和需求错配就意味着市场会失序，它们最终的结局就是被“看不见的脑”淘汰出局，就如同商业银行若敢于坚持钱款隔天到账、业务柜台办理，就一定会被支付宝、微信支付和互联网银行淘汰一样，这股市场趋势将会打破传统经济中所有不合时宜的落后安排。

雷军和董明珠的对赌，就是作为攻方的“看不见的脑”和作为守方的“看不见的手”激烈碰撞的鲜明写照，但他们都没能逃离被互混重排的命运。

由“看不见的脑”取代“看不见的手”来合理配置要素资源，是人类商业社会智慧化发展的趋势使然，也是一种延续亿万年的自然规律。仔细想一想，人和一切的动物不都是大脑发挥资源配置作用的产物吗？人类用自己的思想和意识来驾驭肉体、改造世界，动物也通过大脑的意识来控制身体、适应自然，假如人和动物都没有了思想和意识，只剩下一副副躯体随风摇摆，这样的世界也是相当无趣了。

第八章

建筑底层架构：中国数智经济图谱，打造中国智慧商业的底座

2019 年末，数智经济来临前夜，经济学家终于开始关注一个和数智经济底层架构相关的词汇——“新基建”，它是继“铁公基”“水电煤”等之后，人们发现的基建领域又一片“新大陆”。

究竟什么是“新基建”？中国为什么要发展“新基建”？

其实，在《末端爆发》和《轻资产时代》书中，就谈到了关于“新基建”的内容，只不过我把一些还达不到基建水平的数字基础设施也纳入进来，统称为“商业基础设施 2.0”。现阶段的“新基建”，可以理解为传统基建的智慧化，主要是依托大数据、云计算、5G、边缘计算、人工智能、物联网等**“商业基础设施 2.0”**，发展起来的新兴智慧化商业基础设施，它们也是中国数智经济的底层架构。

以下是《轻资产时代》中对商业基础设施发展史的一个概括性描述（略有改动）：

人类社会的发展史，就是一个不断“接入”各种自然或人造基础设施的历史。

在原始的条件下，只要是有充足的阳光、淡水、空气和植被的地方，人类社会就可以聚居和生存。也就是说，阳光、淡水、空气和植被，这些自然条件构成了人类最原始的“基础设施”，满足了人类采集社会和农耕社会的生活需要，聚居也成为人类的一种最天然的“接入”。

到了现代社会，人们则需要“接入”城市基础设施，这时不仅需要阳光、淡水、空气，还需要电力、燃气、公路、建筑、下水道等“重资产”的人造基础设施，来北漂的人是“接入”了北京的城市基础设施，去魔都的人则是“接入”了上海的城市基础设施，本质上都是商业的“接入”。

但随着智慧商业的到来，人类的生存不仅需要“接入”有阳光、水、空气的自然环境，“接入”有电力、燃气、公路、建筑、下水道的城市基础设施，还需要“接入”以5G、云计算、人工智能、物联网等为代表的商业基础设施2.0。

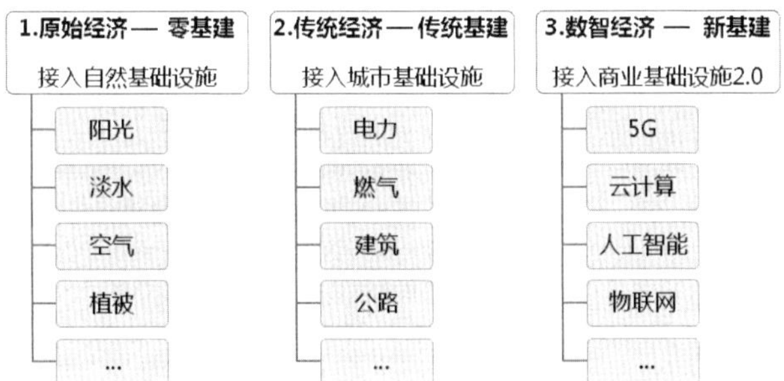

进入未来的超智能社会，人类所需要“接入”的基础设施将变得更复杂、更高级、更虚拟和更多元，但相形之下，人类的生活也将因此变得更便捷、更智能、更丰富、更随遇而安。

传统经济是一个机械运转的物理系统，数智经济则是一个智慧运转的生物系统，构成它们的底层架构截然不同，这就决定了人类发展传统经济需要“基建优先”，而发展数智经济则需要“新基建优先”。

传统经济的底层架构属于“传统基建”的范畴，是由银行、工厂、楼宇、公路、电力设备、水利设备等物理性基础设施构成的。其上衍生出了各种独立的传统商业组织和业态；而数字经济的底层架构属于“新基建”范畴，是由大数据、云计算、区块链、5G、边缘计算、分布式 AI 等智慧化基础设施构成的，数以万计的新兴商业体将在此架构上诞生和智慧化运行。

商业向心力实验室把数智经济的底层架构看作是一个“人体金字塔”，它包含充当数智经济大脑的“智能 +”核心基础设施（通用的“智慧 +”服务商），充当神经中枢的商业基础设施 2.0（通用的智慧对接平台），以及充当肌肉骨骼的开放智能体（强大的智能开放平台），它们各自发挥的核心职能和代表性企业如下图“2020 中国数智经济发展图谱：数智经济‘人体金字塔’”所示。

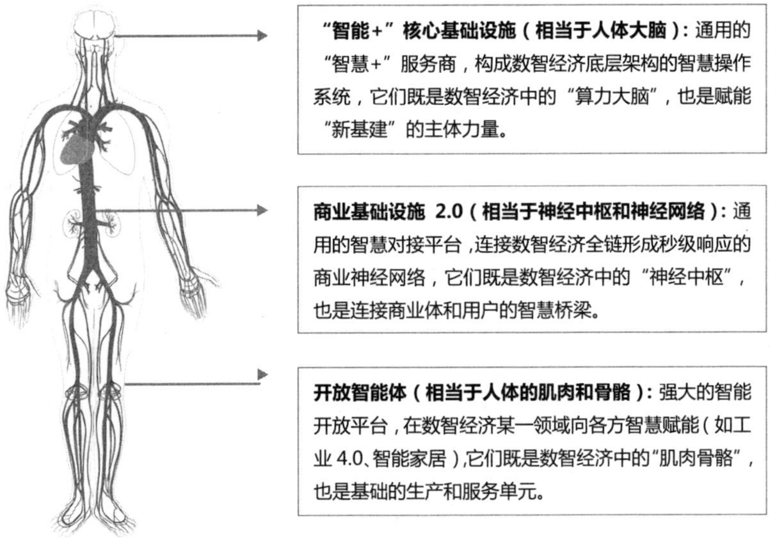

2020 中国数智经济发展图谱：数智经济“人体金字塔”

1. “智能 +”核心基础设施

早在 2015 年，传统基建的智慧化升级就已经是一个非常迫切的问题，因为它们严重限制了中国经济的“新旧动能转换”，但直到 2019 年末，人们才意识到对传统基建进行智慧化升级——也就是发展“新基建”的重要性。

目前，华为、阿里、腾讯和百度等是典型的“智能 +”基础设施，它们也是传统基建智慧化升级（新基建）的市场推动力量，包括能源电力、公路交通、商业银行、市政服务、建筑办公等领域的政企单位，都在积极与 HBAT 展开合作，探索底层基础设施的智慧化升级。

比如，广东省与腾讯合作的“粤省事”移动政务服务平台，已经能够实现近 700 项高频服务的一站式“指尖办理”，人们绑定自己的驾驶证、社保卡、居住证、结婚证、身份证等 59 类证件，就可以办理出入境在线签注、一键移车、税务、婚姻、户政等服务。

在这个案例中，广东省与腾讯拥有的大数据、云计算、AI 和微信小程序等技术进行合作对接，实现了对传统民政服务基础设施的智慧化升级，形成对新兴互联网智慧经济的有效支撑和托底，有利于广东省整体接入和发展“数智经济”。

《末端爆发》的第四章“大国重器：进击的商业基础设施 1.0”中，重点讲述了“新基建”涉及的“六大板块（银行、交通、通信、办公、能源、基础服务等）”基础设施的智慧化，有兴趣的可以阅读书中关于传统基础设施智慧化升级的案例。

对于发展“新基建”的重要意义，书中指出：

当前中国经济发展的主要瓶颈，是低效率的传统商业基础设施与经济高质量发展之间的巨大矛盾。以运输业、能源业等为代表的商业基础设施 1.0 与新兴的智慧物流平台、云计算平台等商业基础设施 2.0 之间，存在巨大的连接障碍和效率鸿沟，这导致了新旧经济发展的严重“脱节”，传统商业基础设施对整体经济的效率提升和支撑力度明显不够，具体就体现在这些传统商业基础设施不能满足新兴智慧商业的即时商业响应和无缝对接的需要。可以说，传统的商业基础设施 1.0 限制了商业基础设施 2.0 的效率提升和新兴商业体的末端爆发。

可喜的是，近几年来，中国的商业基础设施 1.0 正在展现出全面“进击”的姿态，包括互联网银行、数字货币、超级公路、智能高铁、5G 技术、量子通信、智慧城市群、互联网政务、创客空间、新能源技术、能源互联网、北斗导航系统等商业基础设施 1.0 的升级版正在加速推进，它们正在成为中国实现商业基础设施 1.0 与商业基础设施 2.0 之间无缝对接的关键突破口。

可以说，“新基建”是发展数智经济的基础和核心，没有电力物联网基础设施、互联网银行基础设施、智慧城市基础设施、智慧交通基础设施、数字政务基础设施、卫星定位导航社会服务基础设施等“新基建”的成功落地，中国数智经济的发展势必会沦为“空中楼阁”。

2. 商业基础设施 2.0

数智经济的底层架构中，“智能 +”核心基础设施处于核心底层，是数智经济的赋能单元，它们托举着为数众多的“商业基础设施 2.0”（数智经济的连接单元）。“商业基础设施 2.0”是连接商业体和用户的智慧桥梁，它们可以对商业体和用户（均为服务单元）进行双向连接和赋能，实现商业全链的秒级响应和供需的无缝对接。

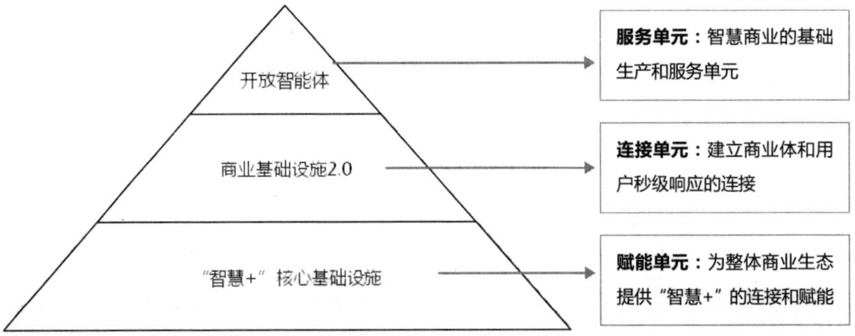

比如，今日头条、天猫、淘宝、美团、拼多多、爱奇艺、闲鱼、猎聘、途家、携程等产品都属于商业基础设施2.0的范畴，它们接受上一级“‘智慧+’核心基础设施”的赋能，并为下一级作为服务单元的商业体和用户提供双向连接服务，实现包括线上购物、本地生活、资讯消费、在线打车、人才招聘等在内的商业全链的秒级响应和供需无缝对接。

我们会发现，一些科技巨头在数智经济底层架构中扮演了双重角色或三重角色，它们即具有“‘智慧+’核心基础设施”属性，又具有“商业基础设施2.0”的属性，可能还有“开放智能体”属性，主要是因为它们提供的互联网产品和服务分布非常广泛。比如，阿里巴巴既有提供大数据、云计算、AI等服务的阿里云智能，又有提供物流、购物等服务对接的菜鸟网络、天猫淘宝；华为既能提供通用的5G通信、云计算算力服务，又能面向用户提供智能硬件产品。

以下是粗略盘点的中国当前具备商业基础设施2.0特质，能够为新兴商业体进行广泛连接和赋能的一些商业基础设施2.0重要发展领域及其代表性企业（产品），它们分别是：

- 移动办公平台：WeLink、钉钉、微信企业版。
- 云物流平台：菜鸟网络、丰巢科技、京东物流、云鸟配送、满帮集团。
- 社交网络平台：微信、微博、斗鱼。
- 信息服务平台：今日头条、微信公众平台、知乎、百度。
- 人才招聘平台：脉脉、BOSS直聘、猎聘。
- 创业孵化平台：创新工场、优客工场、腾讯众创空间。
- 个人征信：芝麻信用、中国信联。
- 网络支付平台：支付宝、微信支付、银联云闪付。

- 网购服务平台：1688、天猫、京东、淘宝、苏宁易购。
- 生活服务平台：美团、赶集、链家、去哪儿、途家、饿了么、口碑等。
- 智慧零售平台：盒马鲜生、超级物种、易果生鲜。

我们会发现，上述很多商业基础设施 2.0 都崛起于“2014—2019”的数字经济发展阶段，它们在各自的领域充分发挥了商业智慧对接的神经中枢作用，担当起连接商业体和用户智慧桥梁的平台角色，为整体互联网商业构建了一个秒级响应的商业神经网络，打通了人流、物流、资金流、商品流、信息流，它们正在合力把中国打造成为一个拥有更快、更智慧的商业响应和对接效率的“速度之国”。

3. 开放智能体

“开放智能体”是智慧商业中基础的智慧生产和智慧服务单元。

它们通常在数智经济的某一个点上具有强大的开放赋能的能力，比如工业 4.0 企业中芯国际、智能家居企业海尔和智能安防企业海康威视，开放智能体就像是组成数智经济的“肌肉骨骼”，是整体智慧商业生态中最接近落地场景的基础设施。

生产领域的开放智能体，不再局限于传统“产品硬件”的提供，而是聚焦于产品的“智慧服务”。

传统上，海尔在卖冰箱、卖洗衣机时，它仅仅是卖冰箱、卖洗衣机的硬件产品而已，消费者得到的也只是冰箱和洗衣机等产品。但作为数智经济开放智能体的海尔，提供的是基于冰箱和洗衣机的智能家居的解决方案，未来，家里的海尔冰箱会与海尔的智慧家庭服务系统联系起来，实现在线智能温控、在线补货、在线生鲜保质期管理等智慧服务，未来，家里的海尔洗衣机可能会自动识别衣物材质进行智慧洗涤。

同样的，作为开放智能体的中芯国际，未来，提供的也不只是量产"芯片"，而是从场景出发的、高度定制化的"芯片解决方案"，无论是 CPU、GPU、NPU，还是其他更复杂的 AI 芯片，都会充分考虑能耗、体积、算力等在实际应用中的场景需要。

服务领域的开放智能体，也不再局限于传统的标准化服务，而是提供更智慧化和个性化的服务。

比如，数智经济时代的汽车 4S 店，它们提供的服务也不再是单纯的销售和售后服务，而是在线提供相关产品的全生命周期管理，汽车什么时候需要保养、什么时候要补机油、什么时候该换轮胎……作为开放智能体的未来 4S 店都需要在线提醒顾客。

在数智经济中，作为开放智能体的企业将不再以提供"标准化的产品（服务）"为中心，而是以附着在产品之上的"智慧化产品增值服务"为准绳；传统商业的逻辑是购买即结束，智慧商业的逻辑是付费才开始，商业从"买卖的短周期"向"服务的长周期"转轨，产品的价格和利润可能会无限趋近于零，产品之上的智慧服务才是企业能够赚到的超级利润。

第九章

驶入智能时代：中国数智经济十年展望，从“数字化”到“智能化”

未来十年，数智经济的发展将展现出怎样的前景？

刀耕火种的年代盖不出高楼大厦，手工作坊的年代也造不出飞机潜艇，已然绵延千年的商业史告诉我们，正是商业基础设施的发达程度决定了经济发展的未来前景。

往前追溯，农耕时代的商业基础设施非常有限，只有较低的生产力赋能，作坊、手工业者和买主这三者构成了农耕时代的基本商业关系。

踏入工业时代，商业基础设施开始跃进式升级，人们拥有了较高的生产力赋能，工厂、工人和购买者构成了工业时代的基本商业关系。

进入信息化时代，信息化、数字化的商业基础设施先后重塑了商业运行效率，公司、员工和消费者构成了新时代商业关系的三大要素。

现在，人类即将进入“智能化时代”，商业又将会发生怎样的变化呢？基于数智经济的运行逻辑，我认为**未来十年商业将形成“商业体”“合伙人”和“用户”的铁三角，以取代信息化（数字化）时代的公司、员工和消费者。**

农耕时代	工业时代	信息化时代	智能化时代
作坊	工厂	公司	商业体
手工业者	工人	员工	合伙人
买主	购买者	消费者	用户

首先，“公司”会被“商业体”取代。“商业体”就像信息化时代的公司、工业时代的工厂和农耕时代的作坊一样，是智能化时代最主要的“生产和服务单元”，如果给它一个定义的话，“商业体是连接用户和商业基础设施 2.0 的商业载体，它既是商业基础设施 2.0 的接入者，也是提供用户服务的通用端口”，商业体的高级形态就是上一章内容中讲到的开放智能体。

其次，“员工”会被“合伙人”取代。智能化时代里，将不再有员工，只有合伙人。合伙人可以是长期的，也可以是临时的，他们是商业体的基本构成单元。现在，阿里巴巴的董事会是合伙人制，腾讯 PCG 部门的高管是合伙人制，海尔的创客制也是合伙人制，现在越来越多的创业公司也都是合伙人制。

最后，“消费者”会被“用户”取代。未来可能没有消费者，所有的人都成为用户，人们不需要购买和拥有商品的产权，只需要付费拥有它的使用权，人们会从各种产品的“消费者”变成产品背后各种智慧服务的“用户”。

公司、员工和消费者就像是三个彼此咬合的机械齿轮，与遵从生物智慧逻辑的智能化时代格格不入。如果企业想要接受数智经济的赋能，唯一的出路就是成为能够轻易接入各种智慧商业基础设施的“商业体”，物流公司需要接入菜鸟网络一类的物流平台，餐饮店需要接入美团点评一类的生活服务平台；消费者想要享受数智经济的服务，唯一的出路也是成为“用户”，成为智慧家居的用户，成为自动驾驶的用户；如果员工想在智能化时代还有工作，唯一的出路也是成为合伙人，因为商业体的基本构成单元就是合伙人。

如同“作坊、手工业者和买主”在工业化时代里被边缘化一样，“公司、员工和消费者”构成的传统商业业态在智能化时代里也将归于沉寂，未来的数智经济需要“商业体、合伙人和用户”三方协同共生，把各种商业要素有机地、智慧地连接起来。

1. 合伙人时代

对于智能化时代，商业关系将建立起“商业体—合伙人—用户”铁三角的判断，并不是凭空的臆想，而是从当前智慧商业的细微变化中得出的推论。

当前，互联网智慧商业正呈现以下三种变化趋势：一是创业者、内部创业者和创客暴增，二是互联网平台的“打工者”暴增，三是合伙人制的公司架构开始流行。

张瑞敏是中国商业界最具前瞻眼光的企业家之一，虽然他所处的是传统制造业，但这不妨碍他的公司引领新的商业理念。在海尔内部，张瑞敏完全打破了“公司—员工”的管理架构，整个海尔内部已经“创客化”了，也就是将企业内部的管理架构打散和重构，每个人都是海尔的“事业合伙人”。

这样的海尔还是一家企业吗？我认为海尔已经不是企业，它已经是由众多创客（事业合伙人）组合成的“商业体集合”，而不是一家传统意义上的公司。

据粗略的数据统计，在各类互联网平台的“打工者”人数，早就达到数千万的规模，今日头条、斗鱼、虎牙、满帮、58 同城、猪八戒等众多互联网平台吸纳了大量的“打工者”，这些“打工者”与传统的雇员有本质的区别，他们自主运营、自负盈亏并与平台商业共生，这种介于“雇员”与“兼职”之间的角色，更像是平台的“事业合伙人”，与平台有着一荣俱荣、一损俱损的密切关系。

合伙人这个词很早就产生了，但此前更多是从“资本”角度的定义，直到阿里巴巴创立合伙人制管理架构之后，“合伙人”有了迥然不同的含义，没有出资、很少甚至没有股权的人也可以成为合伙人。自阿里巴巴首开先河之后，互联网公司，尤其是创业型的公司，开始流行“合伙人制”，它们“招聘”一个人，不再是传统的招聘一名员工，而是在寻找事业合伙人。

智能化时代的“合伙人”开始集中涌现，这些“合伙人”自由组合成为能够更好地接入各种智慧商业设施的“商业体”，彻底摆脱了传统公司制的桎梏及种种不便。

那么，传统“公司—员工”制度为何将会在数智经济时代被淘汰呢？

原因很简单，“公司—员工”制是“单一连接”，我在这家公司就职了，就没有办法去另一家公司就职了，“商业体—合伙人”制是“多线连接”，一个合伙人可以连接多个商业体，内容创作者加入头条合伙人，不妨碍在知乎、腾讯看点、百家号赚钱。

“商业体－合伙人”制有利于优质人才资源在流动的互联网商业世界自由组合，在数智经济里创造和实现多元价值。未来，一个人也好，一个商业组织也罢，都需要连接入很多的“商业基础设施 2.0”才能够更好生存和发挥自身价值，只被一家公司雇佣的时代将结束。

总之，“企业—员工—消费者”是传统经济的产物，并不适合数智经济时代，未来“企业、员工、消费者”将显著减少，甚至将没有“企业、员工、消费者”的商业关系，只有“商业体—合伙人—用户”商业关系，我们每个人都将是一个可以连接入多个智慧商业平台的商业体，是自己所从事事业的合伙人，而不是公司制下的“雇员”。

2. 用户崛起

想象这样一些问题：

2030 年的一天早上，人们坐在自动驾驶的汽车里在马路上行驶时，是否要为自己购买一个“云计算平台”计算最佳的路线？是否要为自己购买一套

“自动驾驶系统”来帮助自己驾驶？更进一步地说，人们开的汽车可能采用了公路系统提供的量子悬浮动力，是否也需要购买一套量子悬浮的设备吗？车里还播放着最新的大片，曲库里还有上千首最新的原创歌曲，人们是否需要购买大片和原创音乐的网络播放版权？

遗憾的是，这些智能系统、动力设备和著作版权即使人们想“购买”，也很少有人能够负担得起昂贵的费用。

未来，人们的交通出行将不需要购买汽车，因为每个人都有汽车是低效率的，在智能商业社会让更多的汽车在马路上行驶是一种浪费，倒不如让汽车使用权合理配置出行资源，同时每个人都“拥有”一辆高度智能化的汽车也是不现实的，毕竟为每一辆汽车都配备一整套的自动驾驶、影音娱乐、人工智能等服务不是每一个人都负担得起的；即便是在当下，我们也会面临这样的问题，你可以购买一台互联网电视，但是能购买所有影视剧和原创体育节目资源的“播放版权”吗？所以，在智能化时代，消费者只有一条出路，那就是成为“用户”。

因此，数智经济将引领商业社会进入一个全新的消费时代——“用户时代”，所有人都只能成为“用户”，而不是像现在一样成为拥有固定产权的“消费者”。

传统的商业运行中，消费者是重要的商业参与主体，商业运行几乎都建立在消费者消费的基础上。比如，在汽车行业，生产企业负责整车研发和生产，4S 店负责整车销售和售后，消费者从 4S 店中购买汽车用于个人消费，如果消费者不购买汽车，4S 店和车企就将破产。但在智能化时代就不一样了，人们绝大多数情况下都不需要购买一辆汽车成为“消费者”，而只要为自己使用自动驾驶汽车服务的行为付费，成为“用户”即可。

从商业的角度，**“消费者”的概念意味着购买即是结束**，只要买的汽车没有损坏，没有任何质量问题，那么商业的闭环就已经完成；但**“用户”的**

概念则意味着付费即是开始，只要你成为产品的付费用户，你就可以在约定的时间内持续地享受它提供的服务。

比如，未来有一个提供冰箱服务的商业体叫“海浪”，它将通过云计算的数据网络为人们提供智慧化的食品冷藏服务，可根据冰箱中的食材信息自动匹配温度，智能提醒用户哪些产品即将过期、哪些食材面临短缺等信息，并连接上盒马鲜生的社区店进行自助补货，这时候还能把使用海浪冰箱的人称为“消费者”吗？冰箱可能和房子一样是租的，两年之后使用冰箱的人可能从上海搬家到深圳工作，这个冰箱的服务就不需要了，没有购买这台冰箱，只是享受冰箱服务，怎么能叫“消费者”呢。

所以，数智经济时代一定要打破“消费者思维”，建立“用户思维”，用未来的眼光思考未来的商业。未来，商业世界即将发生的最显著变化将是——**消费者将剧减，企业也将消失，用户将会崛起**，建构在智慧商业基础设施之上的“商业体”将会爆发。

如果把“未来”的时间线再拉长到百年的时间，智慧商业世界将不再有消费者，而只有用户。因此，从现在开始，企业就要思考如何变革自身，以适应未来的商业和更好对接未来的智慧化商业基础设施。

3. 新物种爆发

中国正在成为一个各行业“商业新物种”不断爆发的创新之国。

自 2010 年至今，互联网新经济以平均每年 3~5 个新风口的速度“爆发”出数量众多的商业新物种，截至 2018 年已然火爆的新零售、区块链和社交电商，这样罕见的商业爆发已经整整持续了九年时间。

2017 年，全球有 57 家初创的商业新物种取得“独角兽”称号，估值总额达 1 165 亿美元，这其中中国和美国的独角兽估值总额分别为 546 亿美元、

487 亿美元，中国的新增独角兽估值已超越了新经济领域发达的美国。

2020 年开始，中国商业社会进入数智经济的发展阶段，这样的“新物种逆袭”还将频繁在各个垂直行业上演，一大批数智化的商业新物种将会不断拓展数智经济的体量和边界，传统的经济形式要么主动接入数智经济基础设施成为新物种（就像传统零售接入智慧化商业基础设施成为新零售），要么因循守旧被扔出历史的舞台。

低效率、低科技含量的商业基础设施，注定只能产生低效率和低质量的商业创新，当更高阶的商业基础设施出现后，才能产生更高效率和更高质量的商业创新——那些我们从未见过的“商业新物种”。

从最初的石器时代、农耕时代到现代的工业化时代、信息化时代，乃至智能化时代，不同商业时代的基础设施产生了不同的商业创新和商业新物种。从农耕时代进入到工业化时代，蒸汽火车、汽车、轮船是“新物种”；从工业化时代过渡到信息化时代，搜索引擎、电商、互联网电视是“新物种”；而从信息化时代过渡到数字化时代，智能手机、新零售和人工智能是“新物种”；从数字化时代到未来的智能化时代，还将有更多的商业新物种等待我们去发掘。

所谓的“新物种”，不过是接入更高一级商业基础设施的一种过渡性称谓，之所以我们现在称盒马鲜生、曹操出行等为“新物种”，仅仅是因为我们还没有进入到智能化时代。在不久的将来，所有现在风头正盛的“新物种”，都将只是智能化商业时代的“普通物种”。

未来十年，层出不穷的智慧商业新物种将不断拓展数智经济的边界，数智经济将可以再造一个甚至几个当前“数字经济”的体量和规模，包括“建筑（房地产）、钢铁、能源、基建、制造、农业”等体量庞大的传统行业都会接受“数智化”改造和升级，届时新兴智慧商业占总体 GDP 的比重将会显著超越纯线下的传统经济，数智经济的体量将有望占到总体 GDP 的 2/3 以上。

第二篇

新规则："双螺旋世界体系"与生态竞争新思维

假如机器拥有"智能"，人类将会怎样？

牛顿世界体系已经统治了人类世界将近两百多年，人们普遍用"公式"认知和改造世界，奉行精确控制的"工业体系"和"现代管理理论"带给人类前所未有的财富创造。

即便是2016年的人工智能元年以后，也没能走出"虚拟世界"的小圈圈，机器智能更多只是科幻电影里的美好想象，或者只是少数科技玩家在实验室里的探索。

生命从来都不是可以用"公式"定义的，智能也从来都不是被"设计"出来的，"智能"是群体涌现的结果，必须建立在大量个体的生态涌现基础上。正因如此，2020年才是"机器智能"真正的分水岭，越来越多的机器将在5G和AI时代迭代出"小智能"，无数个"小智能"将会集体涌现出"超级智能"，我们将把机械设备看作是像人类生命一样的存在，"牛顿控制论"的世界里将会挤出一个角落，让"生命涌现论"在物理空间里试验生长。未来十年，牛顿控制论和生命涌现论的"双螺旋世界体系"，将赋予物理世界新的生长可能。

数智经济"新商业"与此前的"旧商业"有何不同？物理世界向数智化方向生长，将怎样改写商业竞争的规则？数智经济究竟是一场工业革命，还是一场商业革命，还是兼而有之？谁将跻身数智经济时代的新财富阶层？本篇内容将为大家揭开问题的谜底。

第一章
转战宽域竞争：要素资源将向智慧商业体无限集中

在过去的两三百年时间里，人们认知和改造世界主要是由“牛顿世界体系”主导的。

“在牛顿描述的世界中，处处充满着井然有序的规律和法则……于是更多的人开始建立这样一种世界观：既然物质世界有着如此的自然规律，那么在人类社会的发展中，也应该有类似的规律存在。”《大国崛起》如是说。

我们建设的工厂、企业以及国际经济分工等运行方式，都是在牛顿世界体系主导下完成的，人们通过各种精确计算得到“公式”，通过分工管理得到“经验”，洞悉事物运行的各种“规律”，从而来认知和改造世界，这种改造世界的方法也被称为是“控制论”的方法。

比如，有了牛顿“力学”的公式，人们就制造了精密的齿轮传动设备，从而发展出流水线工厂和现代化的工业体系，生产出了汽车、轮船和飞机等商品；最先运用牛顿世界体系的国家，成为了世界上的超级大国，在前几次工业革命中，英国、美国、德国、日本先后崛起，都是因为他们使用牛顿世界体系认识和改造世界。

1. 牛顿控制论与现代管理之殇

在牛顿世界体系中，人们认为世界是有序的、可以预测的，是像钟表一样精确运行的。比如，按照万有引力定律，月亮沿着固定的轨道围绕着地球旋转（准确的说法是围绕着月地质心旋转），地球沿着固定的轨道围绕着太阳旋转。同时，牛顿世界体系认为，世界总是从有序走向无序，所以人类改造自然的方法，就是通过掌握各种公式、规律，构建和维持一个个高度稳定、机械运行的系统。

由于根据牛顿世界体系，人们认为世界是可以被"精确管理"的，所以经济社会就涌现出了很多知名的管理学家，出现了诸多管理学派。比如，以华生为代表的，认为人的工作行为是可以记录和测量的"行为学派"，以彼得·德鲁克为代表的，认为可以找到成功经验共性的"经验学派"，以科学管理之父泰勒为代表的，认为可以用科学管理的方法提高劳动生产率的"组织行为学派"，以及以法约尔为代表的，认为可以通过计划、组织、指挥、协调、控制等职能分工实现有效管理的"管理过程学派"。可以说，牛顿世界体系之下，各种管理学派百花齐放，不一而足，极大地促进了经济社会的发展。

二次世界大战之后，正是由于各管理学派的作用，美国、日本和德国等工业化国家快速崛起。比如，20 世纪 50 年代，美国精益管理之父戴明，通过让日本企业运用统计分析建立质量管理机制的管理方法，使得日本的汽车工业在短短 4 年内就超越了美国，他的工作不仅拯救了日本的汽车工业，也极大地改变了日本其他工业经济，为了表达对他工作的认可，日本科学技术联盟（JUSE）还专门设立了"戴明奖"，以表彰那些在质量和产品可靠性方面出色的企业。曾有人赞誉：多亏了戴明，他的理论帮助日本从一个衰退的工业国转变成了世界经济强国。

但进入 21 世纪以后，以“控制论”著称的牛顿世界体系，却开始面临前所未有的挑战，人们逐渐发现，**微观世界的运行并不是可以像机器一样被精确控制的，以比特运行的互联网经济体都不是被精确管理出来的，往往是通过生态扩张的方式运行**。

自 21 世纪的第二个十年开始，通过构建庞大商业生态来系统扩张的互联网经济发展非常迅猛，在不到十年的时间里，互联网经济体的发展速度和体量，显著地超越了传统经济体，奉行“精确管理”的企业开始在竞争中表现得力不从心，甚至不得不依附于互联网经济，美国的谷歌、苹果、亚马逊、微软、Facebook，中国的阿里巴巴、腾讯、百度、华为等纷纷崛起，互联网经济的风头全面超越了传统经济，奉行“精确管理”的银行、汽车和房地产商等商业巨头们，无一不是战战兢兢。

那么，问题来了，**牛顿世界体系为何突然失灵了，奉行精确管理的传统商业巨头们，为何纷纷败在奉行生态扩张的互联网经济体的脚下**？

这就要归因于我接下来要讲的“混沌世界体系”①了，也就是人类认知和改造世界的第二套系统——“生物系统”，它与牛顿世界体系的“机械系统”运行规则有着本质的不同。

与牛顿世界体系相反，**混沌世界体系认为，世界是无序的和不可预测的，宇宙空间充满了各种随机的变量**，比如人们常说的“量子”就是如此，它总是处在一个随机的、无序的状态。而且，按照混沌世界体系的这种认知，世界也是不可以进行“精确管理”的，因为无序本身就意味着没有任何规律，人们无法套用一种普适的公式和规律去改造世界，这时候，一切在牛顿世界体系里表现得举世无双的公式等精确管理理论，在这里齐刷刷地失效了，就像牛顿的万有引力定律在量子世界里毫无用武之地一样。

① 混沌世界体系：混沌世界体系是延伸了“混沌理论”的概念，混沌理论认为世界本身是无序的、混乱的、不可以精确控制的；在混沌世界体系中，通过生物涌现效应可以让世界从无序归于有序，因此人们改变世界可以建立生物涌现系统，而不是像牛顿世界体系一样使用可以精确运行的各种机器。

那么，人类是否还有一种非常有效的方法，来认知和改造一个"混沌世界"呢？

当然有。这套方法就是生物学的方法，也是生命新陈代谢的方法，生物学家称之为——"涌现"的方法。大家想象一下，生物系统是如何改造世界的呢？无数个大分子的相互作用，涌现出了单细胞的生命，无数个单细胞生命的相互作用，又涌现出了多细胞密布神经系统的智慧生物，每一个孩子在呱呱坠地之前，都经历了从"无序"存在的各种有机物质，到"有序"的单细胞精子、受精卵，最后发育成"更有序"的胚胎过程。

也就是说，**生命的诞生以及生物新陈代谢的过程，就是一种有效的改造"混沌世界"的方法**，它让一个无序的混沌世界"涌现"出了一个有序的生态世界，但是这个过程是没有办法用任何一种公式来描述的，同样也无法用公式来精确控制。**按照生物涌现的方法，在一个生态系统中，无数个"无序"的个体在系统规则下自治生长（而不是精确控制的"管理"），就会涌现出新的复杂系统和个体不具备的功能。**

我们很容易发现，互联网经济其实就是一个"混沌世界"，因为互联网的运行是"量子"的，而不是像传统经济一样是"宏观"的，互联网通过遍布网络空间的"比特"来运行，没有人可以精确控制比特的运行，因为它是无序的、不可预测的。举个简单的例子，没有人能够准确预测我在何时何地会在网上点一个赞、转发一条评论，也没有人能够精确地控制人们在手机上手指移动、目光驻留等行为，互联网的世界里充满了各种随机和不确定性，但在传统的机械运行的世界里，人们是可以精确地追踪成百上千个螺母、齿轮的运动轨迹的。

传统经济就像是一个高度稳定的固体世界，我们可以精确的描述它的状态，操纵它的运行轨迹，就像我们居住的房子，我们可以把各种物件进行随意的排列组合，桌子放哪儿，凳子放哪儿，空调放哪儿，我们都可以做到精确的管理，企业完全可以自主地管理各种商业要素，形成高度稳定的资源排列组合，就连传统经济中的团队组织也是层级稳固、分工明确、职责分明的。

但是，互联网经济却是一个极不稳定的液体世界，我们没有办法准确描述液体处于什么状态，既没有棱角，也没有形状，人们也没有办法准确地操纵它的运行轨迹，更没有办法对它进行随意的排列组合并保持状态不变，它就像我们呼吸的空气，大象无形，捉摸不定，互联网经济中的团队往往是矩阵组合、生态运行、变幻莫测的，没有高度固化的层级、分工和职责的界限，所有人似乎都处于一种流体的状态。

2. 管理涌现论与新商业启蒙

那么问题来了——在一个流体、混沌的商业世界，人们还能“精确控制”什么呢?

其实，人们发现在流体、混沌的商业世界什么也控制不了，所以干脆也就不再去控制了，大家纷纷开始建立“生态系统”，通过群体“涌现”的作用，来实现互联网世界的“无序到有序”，彻底抛弃了延续两百多年的“精确控制”的方法，大家都不再追求拥有和绝对地控制要素资源，而是建立生态平台和系统规则，让各种要素资源进行“自治”生长。**相对于“管理”的方法，我们姑且称这种“个体自治 + 群体涌现 + 生态运维”的方法为“生态涌现”的方法。**

目前，互联网至少出现了三种“生物涌现”的方法：

①“熵减”的方法；②“蚂蚁雄兵”的方法；③“商业向心力”的方法。

我们先说第一种——“熵减”的方法。

估值超过 13 000 亿美元、位列全球第一的华为公司，就是发明了企业管理的"熵减"原理，任正非正是通过"熵减"的管理思想，来管理庞大却活力满满的华为，在《熵减：华为活力之源》这本书中，华为第一次向外界阐释了"熵减"管理思想。

它的基本逻辑是，**生命的过程，就是一个"熵减"的过程，一个趋向更加有序的过程，具有耗散结构的生物体，从"无序"的世界吸收能量为自己累积势能，然后释放能量创造和维持"有序"的生命形态。**

任正非认为，企业要想生存就要逆向"做功"，把能量从低到高抽上来，增加势能，这样就发展了；人的天性就是要休息、舒服，这样的企业是无法发展的。任正非还说，"华为长期推行的管理结构就是一个耗散结构，我们有能量一定要把它耗散掉，通过耗散，使我们自己获得新生。什么是耗散结构？你每天跑步锻炼身体，就是耗散结构。为什么呢？你身体的能量多了，把它耗散了，就变成肌肉，变成有力的血液循环了……我们要通过把潜在的能量耗散掉，从而形成新的势能。"

概括来说，任正非的"熵减"思想，描述的正是生物体"新陈代谢"的运行逻辑。对于华为这样一个拥有众多员工、合作伙伴遍及全球的企业，它已经无法再向小公司那样被精确管理了，没人能够准确地定义华为是什么，华为怎么在轨道上运行，因为华为已经是一个混沌体系，是无序的、不可预测的，华为向哪里发展、整个华为的管理层可能都无法预知，也无法精确把控，它就像一个生命体一样，不知道在哪里会横生枝节、长出硕果，所以，**任正非学会了像对待生命系统一样对待华为，确保华为始终有良好的新陈代谢，始终能从无序的世界中吸收能量来创造有序的华为生态系统。**

我们再说第二种——"蚂蚁雄兵"的方法。

阿里巴巴采用的就是"蚂蚁雄兵"的方法，也就是生态系统群体涌现的方法，发挥无数中小商家的力量，就可以创造奇迹；小就是美，蚂蚁的力量很恐怖，要创造未来，最好的做法就是集结蚂蚁的力量，而不是大象的力量。

在阿里巴巴的招股书文件中，马云曾称，“我们运营的不是一个公司，而是一个生态系统，一个用新技术、新理念组建而成，由全球数亿的消费者、零售商、制造商、服务提供商和投资者组成的仍在持续长大和进化的新经济体。”

魏武挥曾这样评论“蚂蚁雄兵”哲学，“阿里的策略就是建立蚂蚁雄兵，当蚂蚁们接受了阿里树立起来的游戏规则之后，大象也会按照这个游戏规则去运作。”

如果说任正非的“熵减”是生命的新陈代谢逻辑，那么，“蚂蚁雄兵”就是生态系统的群体涌现思维。

下面我们说第三种——“商业向心力”的方法。

生态系统的产生和繁衍，总是会围绕着一个大的“中心”来展开，因为那里有取之不尽的能量和环环相扣的、可以循环代谢的种群，比如“鲸落”就是典型的例子。一只鲸鱼死亡之后，尸体坠入海底，在数十年到上百年的时间里，围绕着鲸鱼尸体会形成一个庞大的生物种群生态系统，研究人员发现，在北太平洋深海，至少有 43 个种类的 12 490 个生物体是依靠鲸落生存的。

自然界也一样具有中心化的特征，亚马逊热带雨林中的一棵参天大树，有时就是一个生生不息的微型生态，一些动物可以终生不离开这棵大树。**生态系统内部的个体，也会表现出一定的微生态依赖性。**比如，每一种动植物都有自己的生态位，保证自己不会“出圈”，以确保自己不脱离可以持续新陈代谢的中心化、分布式微生态，当然，也有更多的个体会在不同生态系统中流窜，从而维持更大生态系统的新陈代谢。

但不管怎样，生态系统总是像鲸落一样是中心化分布的，大的生态系统也总是由无数个小的生态系统组成，比如在一个丛林生态系统里，就有微型的池塘生态、溪流生态、乔木生态等，但他们也都会围绕着更大的能量和新陈代谢的生态系统来展开。

同时，生态系统还有一个特性，就是个体也会集中、扎堆，由很多的个体形成一个大的"群体"，比如沙丁鱼群、猴群、蜂群、蚁群、草场、灌木丛，有些生态群落还会有中心化的"头领"，猴王、蜂王、蚁后等，说明**生态的维持是具有中心化、向心力特征的**。

甚至，不仅生态具有中心化、向心力的特征，个体也一样具有中心化、向心力的特征，比如，**动物一般都会有中心化的大脑，负责支配无数个身体神经网络末梢的反应和细胞的新陈代谢**。

那么，如何让种群、族群和微生态，围绕着更大的生态系统来生生不息繁衍的"生物学逻辑"，对我们的互联网企业如何把蚂蚁一样众多的用户、商家以及无数的机器设备等有机地整合在一个商业生态系统中，就有了非常重要的借鉴意义，而这也正是由我提出的"商业向心力"的方法，这种方法既包含个体"熵减"的生命逻辑，也包含群体涌现的生态逻辑。

未来，**互联网发展到更高级的物联网、智联网阶段，虚拟世界与物理世界实现数字孪生，形成数智经济新生态，将是一个"宏观牛顿体系 + 微观混沌体系（机械系统 + 生物系统）"的双螺旋世界体系**，我们的管理也将是**"自上而下的控制 + 自下而上的涌现"**相叠加的双重管理架构，也就是"商业向心力"管理架构，它意味着商业演进的逻辑将**从"牛顿控制论的 RNA"进化到"双螺旋世界体系 DNA"**，数智经济的深入发展需要一个"新商业启蒙运动"作为开场白。

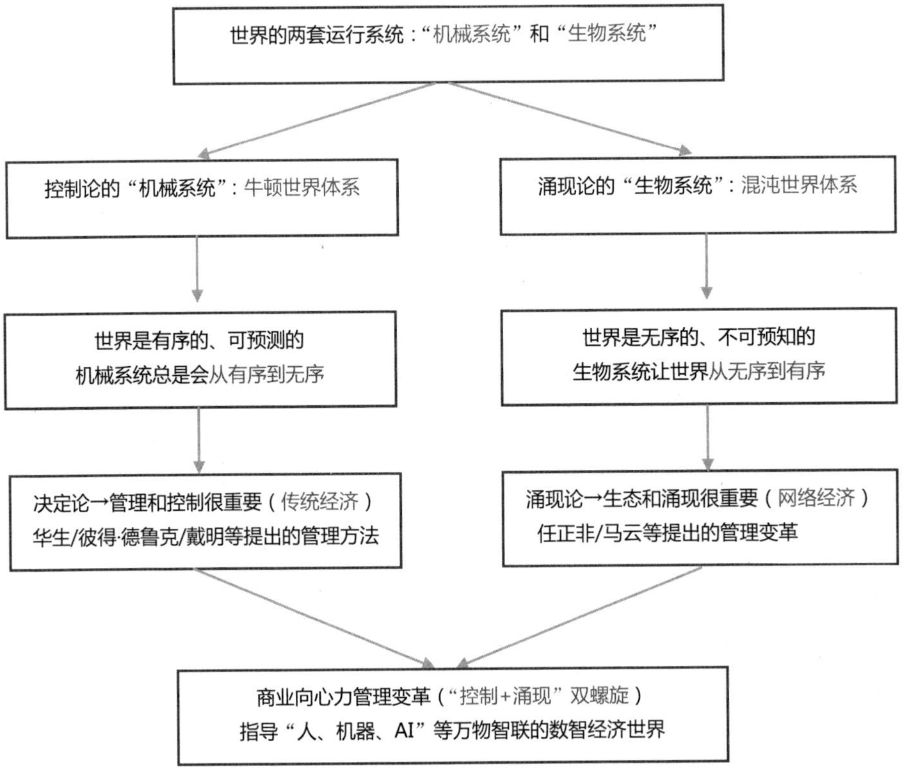

数智经济"双螺旋世界体系"与商业向心力管理变革

3. 商业向心力与宽域竞争新规则

在数智经济时代，商业竞争必须引入"生物思维"，思考处于不同"智慧等级"和"文明维度"的个体应该怎样参与竞争以及如何在竞争中求生存。

未来，商业竞争将在更大的文明尺度上发生，我们必须承认和正视不同公司在智慧化程度上的显著差异——有的公司是"虫子"，有的公司是"人类"，有的公司是"三体人"，甚至还会出现更高的"歌者文明""归零者文明"，**彼此将在一个比传统市场更明显更宽域的数字市场中参与竞争。**

域，是空间，是疆界。

传统基于牛顿控制论的商业竞争是窄域的，小市场的竞争规则在大市场中也有普适性，大家几乎都是同一水平线上的竞争，除了规模、体量差别之外，没有特别大的"非对称优势"，彼此在同一智慧等级和文明尺度上竞争，就像蚂蚁和蚂蚁的竞争，顶多就是蚂蚁和蛾子的竞争，这种竞争经常在一个很窄的限域中发生，可能是一个树林，一座山川。

但数智经济把商业竞争的"限域"显著拓宽了，作为高等智慧生物的"人"，也加入了与"蚂蚁""虫子"竞争的战局，它们之间在商业智慧化水平上有非常明显的差距，竞争表现为高度的非对称性。不过，"人"也并不会消灭"蚂蚁"，而是让蚂蚁雄兵加入自己的生态系统里来，就像阿里把无数个线下商家整合到自己的生态一样。

此时，因为"人"的加入，你会发现商业竞争的限域和文明尺度都被明显拓宽了，从一个树林、一座山川，扩展到一个城市、一个国家，甚至是整个地球，竞争在更宽广的空间限域和文明尺度上发生，**小市场里的竞争规则在大市场里已经不再具有普适性**，小市场里的竞争优势在大市场里会被迅速归零，人类商业世界仿佛被一个"归零文明"所统治着，宽域市场[①]将始终是一个"人外有人，山外有山"的存在。

在未来，文明等级更高的"三体人""歌者文明"（感谢科幻作家刘慈欣，让我能够用形象的比喻来摹写现实商业），也会加入与人、蚂蚁和虫子的竞争中来，届时商业竞争的限域将进一步拓宽到更高的文明尺度上，地球大市场里的竞争规则也将不再适用于更大的银河系市场。

---

① 宽域市场：宽域市场包含两个层面的概念，一是地理时空上的"宽域"，相比大工业时代的经济体，互联网经济体覆盖的数字市场范围是整个"统一市场"甚至是全球市场，理论上可以通过云端网络即时地连接所有人，并不囿于特定的地理时空限制；二是智慧等级上的"宽域"，数字市场中拥有不同智慧等级的商业文明，现实商业在更大的文明尺度上发生，各类经济体需要适应和参与更加激烈的竞争。

所以，传统商业竞争和互联网商业竞争的区别也就很明显了，**传统竞争是“窄域”的，互联网商业竞争是“宽域”的，窄域竞争大都表现为平等的、水平的、对称的、线性的，而宽域竞争则更多表现为不平等的、垂直的、非对称的、指数的，**这种竞争是一场多个不同等级文明的赛跑，构成商业文明的各种生物处于不同的智慧水平，有虫子、蚂蚁、人，甚至还有更高文明等级的“三体人”。

商业向心力竞争，表现为“从窄域竞争转向宽域竞争”，而作为一种服务“宽域竞争”的理论，它解决的正是**“企业如何在多等级商业文明中进行赛跑”**的问题。**商业向心力的核心逻辑是：你必须开放自己去连接更高智慧等级的商业文明，去与高等级的商业文明协同共生创造生态价值，同时开放自己吸纳不同商业文明的优质资源，建立起“以自身资源为中心，以自身商业向心力为半径”的强大微生态。**

宽域竞争，不再是个体之间你死我活的竞争，而是各物种在生态系统内以协同共生的方式共同参与竞争，是生态系统和生态系统之间的竞争，比拼的不再是个体肌体的强弱、体量的大小，而是每个生态系统对各种资源的有机整合、群体涌现和新陈代谢能力。同时，每一个个体本身，也都是一个个微生态系统在参与竞争，它们需要随机地在一个无序的世界中获取物质和能量，就像薇娅、李佳琦，他们自己都不知道直播屏幕背后，谁会成为推动自己往前走的力量，没有一个用户可以被他们精确控制，组织管理在这里瓦解了，资源控制在这里坍塌了，取而代之的是他们自身的商业向心力在发挥作用。

数智经济时代，类似的**宽域竞争会导致要素资源向智慧商业体无限集中，任何一个窄域角落里的商业行为都会围绕着一个宽域的开放市场来展开，**所有人都在一个宽域的世界里参与竞争，商业世界将开放到没有一个独立王国，所有通过垄断优势精心构筑的碾压性优势和护城河都会被生态群体涌现的智慧轻松瓦解，所以，未来所有的商业体都需要放大自己的竞争域，绝对地开放自己去连接整体宽域的智能生态，寻找与整个商业空间的智慧商业体"共生"生长的无数种可能，而固守传统思维、缩小竞争域，生活在动物园里的企业的最终结果就是走向死亡。

第二章

走向矩阵协同：底层生产力及市场效率发生本质跃迁

传统“上游供应商、下游消费者”的商业模式是一种落后的市场安排，并不适合数智经济时代。

商业要素走出“窄域市场”，融入“宽域市场”之后，企业就必须告别“线性竞争、产业链合作”的模式，升级为“生态竞争、矩阵协同”的模式，因为数智经济人与万物智联，**所有的要素资源都在统一的大市场中创造共同的价值，想要完全切割并不容易。**

阿里巴巴平台里的一家商户，尽管它投入的资源十分有限，但它却是在大市场中创造着平台的整体价值，与线下商铺在小市场里独立创造个体价值完全不同，阿里平台一家小商户的生产力和市场效率，可能会数倍于传统线下商铺。

在数智经济时代，**企业需要以自身的商业向心力为原点，从“无限价值”和“无限场景”中寻找数智市场的商业机会**，哪怕是一家微不足道的小店铺，也都可以面向整体的全域市场提供商业价值和用户服务，数智经济时代的魅力就在于此，它突破了时间和空间的限制，**没有一家企业是注定要偏于一隅的。**

在企业面前，数智经济是一个由"无限场景"和"无限价值"构成的宽域市场，每一家哪怕芝麻大小的企业提供的价值和服务的场景，也都是宽域市场整体价值和场景的一部分，企业需要围绕着无限场景和无限价值来构建自身优势参与市场竞争。

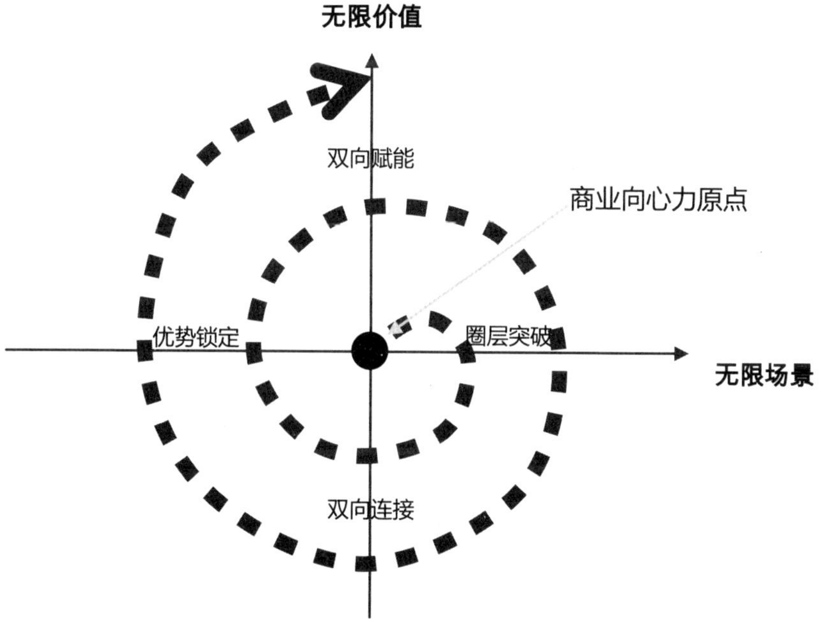

商业竞争走出"线性思维"，走向"矩阵协同"

在价值创造层面，企业想要做好做强就就必须"**连接**"和"**被连接**"、"**赋能**"和"**被赋能**"，在整体生态中创造无限价值，并从无限价值中分享属于自己的利润；在场景服务层面，企业要想做好做强就必须"**优势锁定**"一部分种子用户，并基于种子场景不断"**圈层突破**"，在整体生态中服务无限场景，并从无限场景中切割属于自己的蛋糕。

总之，在数智经济里，没有绝对封闭的场景，也没有绝对独立的个体，再小的个体，面对的也都是整体的宽域市场。数智经济是一个高度矩阵化、协同化的市场，企业想要生存就必须走向矩阵协同。

1. 创造无限价值

网红教师李永乐在中学教室里讲一堂课，他创造的价值只涵盖几十个人。

李永乐在今日头条平台上的一节视频课，创造的价值却可以影响一个数亿人的市场。

一个人、一台机器、一家公司，一旦被接入整体数智网络之后，其创造的价值就再也不是有限的价值，而是会被数智网络无限放大，成为整体商业生态的一部分，同时可以从整体商业生态中按贡献比例分润。

从“窄域市场”跨入“宽域市场”，创造无限价值并按比例分润，是商业向心力竞争最核心的底层逻辑之一。

在商业向心力竞争模型中，企业是以自身核心资源和能力为原点，以“无限价值”和“无限场景”为向心力半径向整体生态系统贡献和创造财富，从而践行一种商业共生、资源共享和市场共赢的数智经济生存法则。

企业想要创造“无限价值”，必须满足两个必要条件：一是“双向连接”，二是“双向赋能”。

所谓“双向连接”，是指“商业体（企业）接入系统，用户接入商业体（企业）”。以李永乐为例，他需要接入今日头条平台，粉丝需要接入李永乐的社交 IP，双向连接是创造无限价值的前提。

所谓“双向赋能”，是指“系统赋能商业体（企业），商业体（企业）赋能用户”。仍以李永乐为例，他需要接受今日头条平台的赋能，平台会提供很多工具和资源，粉丝需要被李永乐老师赋能，李永乐要输出有价值的信息给到粉丝，这样的双向赋能是衍生无限价值的基础。

李永乐老师的"双向连接"和"双向赋能"模型，同样适用于其他人、企业或智能机器，要素资源只要满足这样的特征，就可以"走出窄域市场、融入宽域市场"来创造无限价值，并从整体的宽域市场中按贡献比例分润。

在数智经济时代，每个个人、企业或机器都不再是孤立地创造价值，而是作为总体商业生态的一个"共生节点"，通过与其他节点的"矩阵协同"创造无限的生态价值。无论是谁，一旦成为数智经济总体生态的一个"断点"，拒绝被赋能，也拒绝被连接，就将被总体商业生态踢出宽域市场，最终走向寂灭。

即便是阿里巴巴、腾讯，如果拒绝被连接，拒绝被赋能，不从总体商业生态中获取流量，只凭借自身的资源创造流量，不从总体商业生态中获取 AI 能力，只凭借自己创造 AI 能力，也会被踢出整体的宽域市场，并最终瓦解，消失在数智经济的版图里。因此，"双向连接"和"双向赋能"是对数智经济中所有市场参与主体的要求，没有任何一个市场主体可以例外，谁选择把自己孤立于宽域市场之外，或意图把宽域市场变成自己大权独揽的独立王国，谁就会被宽域市场踢出整体数智经济生态，数智经济宽域市场中的共生节点可能会不平等，但其市场规则对所有的共生节点绝对公平。

2. 服务无限场景

数智经济中的商业体，提供的服务场景也没有边界，只要在某一个点上拥有生产力或效率优势，这种优势就可以在网络空间中无限蔓延，让商业体从种子场景破圈，直至覆盖无限场景。

创建一家报纸受人推崇，也只能覆盖新闻阅读的一个场景，覆盖一个地区的部分人群；但创建一家自媒体被人喜爱，理论上可以从服务一部分人到服务宽域市场的所有人，并可以从阅读场景破圈，覆盖到电商场景、直播场景、影视场景乃至金融场景、AI 场景。

互联网数智经济是一个高度 IP 化运营的商业系统，不会为你预设服务场景的边界，只要你对用户拥有“优势锁定”的能力，就可以不断中心化地拓展服务场景，横向你可以拓展服务人群直至覆盖整个宽域市场里的人，纵向你可以拓展服务范围直至涵盖“三百六十行”等所有行业领域。

传统经济中，一家生产企业只可能对接几个渠道商，但在数智经济中的生产企业，可以接入所有的线上商家，商家订货你供货，不设服务边界，不局限于窄域市场。企业只需要考虑一件事，如何更好地接入整体商业生态，成为数智经济中具有竞争力的一个“通用接口”，从服务窄域市场到服务宽域市场，从服务有限场景到服务无限场景。

商业体（企业）能够服务无限场景的前提，是拥有“优势锁定”和“圈层突破”的能力。

我在《末端爆发》这本书中写到：**“优势锁定”通常是商业新物种的标配**。相比传统商业体，商业新物种具有显著的“从价格、时间到体验方面的优势”，这有助于它们准确地、牢牢地锁定用户需求，这便是商业新物种的“优势锁定”。

商业新物种“优势锁定”的本质在于，商业末端被浪费或额外付出的包括金钱、时间、体验等和用户息息相关的成本都在沿着一条下降曲线而无限趋近于零（决定这一曲线的纵轴是商业末端也就是用户端被浪费的额外成本，横轴是现实商业的智慧化程度，智慧化程度越高，用户需要额外付出的成本越低，直至消失）。也就是，未来的商业新物种在商业末端将会极少甚至于没有交易成本的浪费，对于所有商业体而言，这都将是一次前无古人的“竞争升维”。

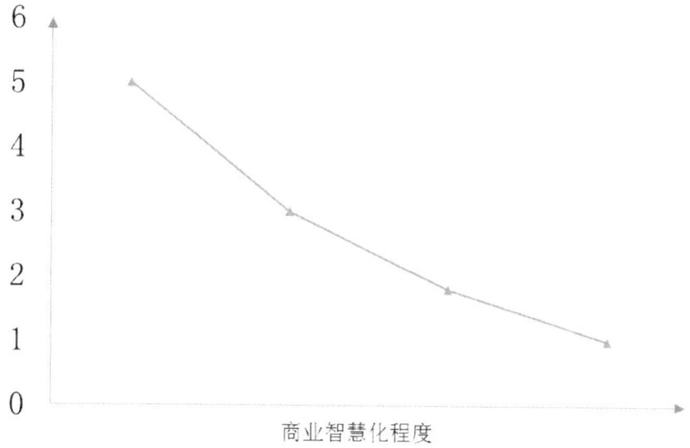

举一个简单的例子，传统商业中，出租车行业的供给和需求是严重错位的，这造成了出行供需环节被浪费的各种交易成本非常之高（如出租车空载、乘客长时间打不到车）。但在以网络约车为代表的智慧化商业体中，出行供给和需求得到了精准对接甚至无缝匹配，这带来的结果是供需环境被浪费的交易成本越来越低（包括金钱、时间和舒适度等），被浪费的成本正在无限接近于零。如果把这种成本浪费现象打一个形象的比方，就如同两个电源之间，**原来是用"电阻"衔接，现在是用"铜线"衔接，未来可能会引用"超导材料"衔接实现零电损**。

可以说，商业体拥有"优势锁定"能力，是数智经济的生存之基，以优势锁定实现圈层突破，是做大做强之本。微信，从一个小小的文字和语音通信 App 起家，建立起对用户"优势锁定"的能力，此后迅速拓展场景成为人们离不开的生活助手，服务的场景从出行、购物、金融、电影、政务等数十个场景，服务全国数亿用户，可谓是数智经济中商业体服务无限场景的典范。

"优势锁定"本质是一个新的"成本"概念。传统经济中，人们所谈的成本主要就是"价格"，就是低价者优势，同等质量价格低就能锁定用户，但数智经济中"成本"指的是"商业电阻"，用户需要自己的商业需求被即时响应和无缝对接，所有有助于降低“商业电阻”的企业优势，都是一种极具商业价值的“优势锁定”能力。

数智经济的商业竞争规则是“矩阵协同”，所要协同的是什么？

协同的正是不同商业体的“优势锁定”能力，协同的是生态中最具竞争力的生产力和个体效率，从而**把智慧商业系统的“商业电阻”降至最低**，让数智商业运行得更平滑、顺畅和高效，最终实现宽域市场总体生产力和市场效率的本质跃迁。

第三章
追求跨业创新：未来能替代你的永远不止是同行

如果你足够细心，在朋友聚餐时可能会发现，桌上的“牙签桶”已经变了，可以通过人体智能感应来自动出签，这种牙签在餐厅里很受欢迎，但最先研发出智能牙签盒的不是生产牙签盒的传统厂商，而是一家科技公司。

2020 年开始，数智经济“产业 +AI”的跨业创新，将会掀起新一轮产业大变革，而且几乎所有的行业都不能幸免，即便是小到一根牙签的生产消费链路，也会与此前大不相同，**企业需要警惕的不是自己的同行，而是来自跨专业、跨赛道的对手。**

1. 跨业创新与 AI 启蒙运动

几乎所有的人工智能都是建立在数学逻辑基础上的。

可以说，没有各种数学逻辑在计算机上进行表达，就不可能有现在的人工智能，数学在这里已不仅是一门科学，更是人类认知世界的一种方式，在虚拟的网络世界里，所有的学科都可以用“0”和“1”组成的数学逻辑来表达。

但人工智能并不完全是“数学”，而是一个跨学科、跨专业的产物，涉及自然科学、社会科学和信息技术等绝大部分领域，譬如计算机科学、物理学、心理学、语言学、哲学、生物学、信息论、控制论等。因此，人工智能的本质首先是“跨业创新”，其次才是“模拟人类智能”。

人们甚至可以这样重新定义一次“人工智能”——人工智能就是一门交叉科学，是人们通过跨学科的知识创建的人类改造自然的智能化工具，**它是跨学科、跨专业的群体智慧的涌现结果**，至于它是否模仿了人类智能，抑或是创造了超越人类智能的新智能，并不重要。

简而言之，人工智能（也就是 AI）的重点不在于刻意地追求创造出某种“人类智能”，而在于通过交叉学科的知识在虚拟世界里做出以前没有过的“跨业创新”，即**人工智能不能唯人类智能论，人工智能是一条宽广的创新大道，不限于机器视觉、人脸识别、自然语言处理等少数模拟人类智能的领域**。

举一个简单的例子，在自然界中，还有很多个体或群体的智慧能力，人类智能并没有完全掌握，这些智慧能力同样需要通过交叉学科的知识创造出来，比如章鱼拥有一个大脑和八个分布式的腕足脑，这种独特的分布式大脑的工作机理，就非常有助于构建未来云边协同的数智大脑。

未来，AI 会渗透进入生产、流通和使用等产业全链路，但站在 2020 数智经济的大门口，所有的企业和所有的行业，都有必要重新认识 AI。商汤、旷视、依图、云从，在影像识别等模拟人类智能领域拥有建树，被国内媒体热炒成为人工智能“四小龙”，示范效应下，越来越多的 AI 公司拥到几个狭窄的 AI 赛道上来，这真的是媒体对人工智能发展的一种误导。

AI 的发展迫切需要一次新的启蒙运动，让人们固化的创新思维得到一次彻底的解放。

就像人类学习一门语言，不需要所有人都掌握精深，不需要人人都成为文学家、历史学家、语言学家，只要会用、会写、能交流就可以了；我们普通人学习武术，也不需要修炼辟邪剑法、六脉神剑，掌握基本的攻防之术就可以了。

数智经济所要普及的 AI 亦如此，不一定要让机器修炼到最高的阶段——真的像人一样看、听、说、思考和行动，**AI 要足够简单、普惠和低门槛**，AI 应是一场多学科与计算机技术之间的"跨业创新"，帮助解决数智经济的智能化生产和效率提升等一些问题，而不是刻意去追求所谓的"模拟人类智能"。

按照商业向心力实验室的观点，只要是对互联网智慧商业的总体运行效率有显著提升的交叉学科创新，都可以归于 AI 的范畴，AI 不是数智经济时代的奢侈品，恰恰相反，AI 应该是简单的、普惠的、低成本的。

数智经济时代，**AI 的发展应该遵从简单、普惠、多元、有效、迭代和低成本的原则**，要知道人类进化出现在的智能经过了漫长的时间，而 AI 的发展才刚刚开始。

着眼未来十年，数智经济必然是一场"AI 革命"，这场革命会让各行各业接受 AI 赋能，千行百业都会成为整体智慧商业的一部分，这场革命将会带来一个物种丰茂的"智慧生物群落"，但绝不是让所有的机器都像人一样思考，一些机器拥有简单的智能已经足够。总之，智慧商业让机器像人类一样思考，只是数智经济的一个终极目标，并不代表现实的实现路径。

2. 跨业创新与机器智能

过去，我在企业做了近十年的公关策略咨询，在与一些企业家的沟通中，他们往往把企业的成功和企业的基业长青归结为两个字——创新，对此我也深深地认同。

任何一家企业，想要长久地在市场中立足，就离不开永续的"创新"，企业需要聚焦自己的赛道，不断改进新工艺，推出新产品，拓展新市场，企业家每时每刻都要思考如何创新，即便是一家传承百年风味的啤酒企业，也会在产品、工艺和市场上不断创新。

然而，无论是传统企业，还是互联网企业，在创新方面最擅长的往往还是在自身垂直领域的创新，一些优秀的企业甚至可以做到让同行始终追赶自己的创新脚步。

比如，传统企业中，格力在空调领域的创新，海尔在冰箱领域的创新，三一在大型工程机械领域的创新，都可以说是一路绝尘，遥遥领先；新兴互联网企业也如是，基本也都是聚焦自身赛道的创新，缺乏跨行业的创新，鲜有在实体产业的创新经验和基因。

不过，在数智经济时代，尽管创新依然是企业的生命，但创新的规则和内涵都将发生明显的变化，比拼的不再是企业在自己垂直领域的创新，而是一种“组合创新”，企业需要将自身与 IT（信息技术）、CT（通信技术）和 OT（自动控制技术）等领域的创新进行有机组合，这是一个横跨三大产业的跨业创新，这种创新可以说前无古人，是一场真正的无人区探索，除了极少数先行者（他们也依然在摸索），几乎没有任何经验可循。

前面我讲到，AI 就是交叉学科的创新，而未来机器智能还将比 AI 更进一步，需要在交叉学科创新的基础上，再把 IT、CT 和 OT 的创新进行跨业组合，企业唯有如此，才能真正实现数智经济的“互联网智能操控物理世界”和“轻资产驾驭重资产”。

所以，未来诸如“打败你的不是同行”的案例会越来越多，只要一个小小的“IT+CT+OT”的组合创新，就能带来不同企业在智慧等级和文明尺度上的显著差异，引发一场跨行业的淘汰赛，相形之下，垂直领域创新带来的竞争差距和市场劣汰，就不值一提了。

智能手表就是一个非常典型的案例。

在三星、苹果、谷歌等发布智能手表之前，机械腕表以及后来的电子手表，统治了市场长达一个多世纪。1904 年，法国商人路易斯·弗朗索瓦·卡地亚接到一位飞行员好友的投诉：驾驶飞机时看怀表十分不便，希望他能解决这个问题。卡地亚随后制作出了用皮带及扣将怀表绑在手上的“手表”。在 1911 年，卡地亚正式将这种形式的钟表商业化，此后手表开始普及。

2013 年，正是三星、苹果等科技公司，用互联网技术革了腕表厂商的命，他们给手表植入了像 iOS、Android 一样的“操作系统”，赋予手表支付、聊天、计步、天气查询、体征监测等更多的功能。现在，年轻人中智能手表的普及率已经远超传统腕表。

数智经济将是一场“跨业创新”的赛跑，企业需要横贯“IT+CT+OT”等多个领域，穿透“数学、物理、生物、哲学”等多个交叉学科，去寻找自己组合创新的新伙伴、新思维、新团队，重构自身的创新基因和AI驱动的内核，从而向更高的智慧商业体进化才能建立新的竞争优势。

第四章

研发高维技术：带来“黑洞”一般的商业吞噬能力

地球曾经发生过五次物种大灭绝，都是环境的剧烈变化引起的，最惨烈的是第三次物种灭绝，90% 的物种从地球消失，最诡异的第五次物种大灭绝，恐龙全军覆灭。每一次环境的剧烈变化之后，只有那些能够适应新环境的物种，才会被自然选择存活下来。

2020 年，5G、AI 和物联网也将会引发中国商业大环境的一场剧烈变化，适者才能生存。

商业向心力实验室预计，中国宏观商业市场将进入一个“三浪叠加”的关键时期，企业的创新压力会非常大，中国经济的大背景、智慧商业的大趋势以及消费软性升级的大环境，都将持续倒逼企业“升维”自身，只有跟上商业环境变化的节奏，才能在这一波产业大变革中立足。

那么，影响中国宏观商业大环境的“三浪叠加”浪潮，具体是什么呢？

第一个浪潮，是商业市场从追逐“经济红利”到追逐“技术红利”的浪潮。它是由中国经济增长主动降速的大环境带来的，市场已经过了从产能不足到产能过剩，投入就有产出的经济红利期，未来是属于技术红利期的时代。

第二个浪潮，是商业市场从参与“对称竞争”转向“非对称竞争”的浪潮。它是由中国发展智慧商业的大趋势带来的，商业智慧化绝不只是 HBAT 等科技巨头的事情，互联网深度触摸和智能操控物理世界，会把绝大多数的市场参与主体悉数卷入。

第三个浪潮，是商业市场从比拼“硬产品”到比拼产品之上的“数字服务”的浪潮。它是由人们的消费从“产品消费”转向“数字消费”带来的，在数智经济时代，万物智能网联，硬件即软件，终端即系统，人们消费的每一个硬件产品都会附加数字服务，纯粹的硬件产品将从市场上逐渐消失。

三大浪潮的叠加，会淘汰一大批固守传统的企业，这个过程可能比“物种大灭绝”还要惨烈得多，这绝非危言耸听。三浪叠加将要求绝大多数企业经历一次智慧化进阶，在进阶的过程中，**“接入智慧生态”**和**“研发高维技术”**将是数智经济时代最基本的生存法则。

1. 从“经济红利”到“技术红利”

我们先看第一个浪潮：从“经济红利”到“技术红利”。

中国经济增速从 8% 降速至 6% 意味着什么，数字微妙变化的背后，其实是一次经济环境转轨，企业赚钱的逻辑彻底变了。

经济增速 8% 的大背景是，中国经济曾长期处于产能不足状态，很多行业只要你敢于投资，就不缺少市场。彼时，当你看到自己的同学开了一家水泥厂很赚钱，然后你也如法炮制开了一家水泥厂，你也同样能赚钱，再多开一家就能赚双倍的钱，道理很简单，因为市场产能不足，只要增加产能就可以赚钱。这个经济周期叫“经济红利期”，处于这个周期的企业，越多建厂就越赚钱。

那么，经济增速 6% 的大背景是什么呢?

经济增速降至 6%，你表面上看还在增长，经济红利还有挖掘的潜力，但其实这个数字意味着中国经济已经从产能不足进入产能平衡，甚至产能过剩的阶段了，只要你一家开水泥厂就可能会亏钱，开得越多亏的越多，有些人不信邪，以为亏钱的原因只是自己的水泥厂规模效应不够，价格优势不够，所以即便亏了也还要多开水泥厂，想用规模效应把市场价格降到最低，但结果发现隔壁的水泥厂老板也是同样的想法，全国各地水泥厂泛滥成灾，最后纷纷倒闭。

这个经济周期其实叫“技术红利期”，处于这个周期的企业，需要掌握高维技术才能生存，你不能再多开水泥厂了，你需要把水泥厂进行技术升级才能继续赚钱，要把它变成水泥厂 2.0、水泥厂 3.0、水泥厂 4.0。所以，不要以为现在很多企业转型“工业 4.0”只是工业革命使然，其实它是被中国经济整体降速的大环境倒逼的结果，不升级在中国市场就生存不下去了，不仅仅在中国，几乎所有成熟市场的国家，产能过剩的国家，都存在向工业 4.0 升级的问题，相反，在非洲、印度等一些新兴市场，去建 1.0 的水泥厂仍然可以赚得盆满钵满。

这就好比乌鸦发现了一只死掉的麋鹿，因为麋鹿实在是太大了，就算多来几只乌鸦也无妨，每只乌鸦都能大快朵颐，但最后来的乌鸦实在太多了，肉已经不够吃了，只有那些牙口好的，能啃骨头的乌鸦，还能继续吃，其他的乌鸦要么跑到别的地方找猎物（比如很多传统厂商企业跑去非洲，传音手机在非洲就活得很好），要么就只能被饿死。

现在，很多人都在讲创业，但绝大多数人的创业都做反了，因为经济红利期才是最适合创业的时期，做什么都赚钱，技术红利期反而是最不适合创业的时期，你会发现只要市场上前些年都赚钱的项目，现在做哪个都赔钱，为什么？因为做过去的项目，就等于是在增加过剩产能，只要投入了就会打水漂。在**技术红利期，创业应该做市场上没有的项目，或者去做传统项目的4.0版本**，要想办法通过技术红利赚钱。

中国经济当前的大环境，就是要在各行各业中消灭 1.0、2.0 甚至 3.0 的工厂和商业模式，倒逼他们升级成为智慧化的 4.0 工厂和 4.0 的商业模式，所有不进行技术升级的工厂和商业模式都难逃命运，相反，那些 4.0 的工厂和商业模式则会像黑洞一样吞噬掉其他不升级企业的市场。

数智经济是一片蓝海，但数智经济也会埋葬不思进取者，这就是"5G+AI"带来的生态竞争新规则。数智经济，是一场企业必须全力参与的商业升维运动，唯有升维自己掌握智慧商业的高维技术能力，才能在"技术红利期"参与市场掘金，远离覆灭的命运。

2. 从"对称竞争"到"非对称竞争"

我们再看第二个浪潮：从"对称竞争"到"非对称竞争"。

十年前，传统经济说互联网跟我没关系，彼此尚可分庭抗礼；五年前，传统经济说互联网制造了经济泡沫，彼此偶有擦枪走火；现在，传统经济的各个垂直领域都纷纷拥抱互联网，彼此开始联手共生。

传统经济纷纷投诚互联网，原因是什么？

因为人们发现竞争开始不对称了，分庭抗礼已经不可能，市场竞争的天平已经严重向互联网智慧商业一方倾斜，再不主动融入互联网智慧商业，恐怕未来就没有自己的立足之地了。

曾几何时，格力和雷军设下赌局，彼时传统经济的大佬们，一再试图证明自己与互联网经济有着泾渭分明的界限。其实，直到阿里巴巴用“新零售”撬开线下零售的大门之前，传统经济和互联网新经济之间，还一直存在着一个水火不容的边界。

2014 年，余额宝上演的存款搬家一役，把众多银行逼上了金融科技之路，几乎是一夜之间，融入智慧商业成为全行业的共识。在新金融、新零售之后，产业互联网迅速席卷了传统经济看似固若金汤的各个边界，交通、制造、钢铁、能源、建筑、教育、农业等各个传统行业纷纷开启数字化进程，大家目光一致地把未来锁定在互联网“智慧商业”。

至此，“对称竞争”的时代结束了，**拼体量、拼规模、拼渠道、拼市场等近身肉搏的方法不奏效了**，智慧商业开启的是一场“非对称”的较量，**商业开始比拼谁能做到服务的即时响应，谁能做到供需的无缝对接**，谁能用互联网的连接和数据把商业链打通，谁能用云计算和 AI 来赋能商业全链。

这就是中国经济正在发生的第二个浪潮——从传统经济的“对称竞争”，转向智慧商业的“非对称竞争”。相比于传统商业体，智慧商业体拥有着压倒性的竞争优势，出租车接受网约车 App 的整合，餐饮店接受外卖 App 的整合，房产中介接受租房 App 整合，几乎在所有的传统行业，都能看到接受智慧商业收编和改造的案例。

2020 年开始，“5G+AI+ 物联网”将把互联网智慧商业推向一个更高的发展阶段，接受数智经济整合和智慧化改造的将不再是几个垂直行业的先知先觉者，而是整个“物理世界”。未来，“非对称竞争”将会成为市场竞争的常态，如果银行的系统不够"智能"，等待它的就是被淘汰出局，如果物流公司的商业响应不够"迅捷"，等待它的就是失去订单，如果医院的诊疗设备没有植入"AI"，等待它的就会是被快速替代……**这是一个处处比拼谁更"智能"、谁更"敏捷"的时代，而不是比拼谁拥有更大"规模"和"体量"的时代。**

3. 从比拼"硬产品"到比拼"软服务"

我们再看第三个浪潮：从"硬产品"到"软服务"的浪潮。

中国的消费市场正处在一个从"产品消费"到"数字消费"的转折点上，它带来的直接结果是，企业卖硬件会不赚钱，硬件都是"白菜价""零利润"，甚至有可能是"免费赠送"，企业真正赚的钱来自硬件之上的数字服务。

未来的数智经济时代，企业卖一辆汽车赚的钱，不如卖智能驾驶服务赚的钱多；企业卖一台电视赚的钱，不如卖视频服务赚的钱多；卖医疗仪器的企业，甚至会向老人免费送血压计、智能手表，通过血压计和智能手表的健康管理等数字服务赚钱；医疗企业也会免费给医院提供诊疗设备，但会对"AI医生"的每一次医疗诊断进行收费。

当数智经济发展到一定程度，绝大多数硬产品的利润贡献将是零，甚至是负利润，企业的生存将主要依赖于数字服务的利润贡献。共享单车、共享汽车、共享充电宝，就是这第三个浪潮的先行者，用户只为每一次使用付费，不需要购买硬件产品。

而且，任何一件物品，一旦互联网化被赋予了"人工智能、云服务"等属性，连接到整体的互联网商业生态之中，它就不再是一件可以"购买"的商品，而只能是一件可以付费"使用"的商品，如果没有数字服务，硬件商品本身就不能完整地发挥作用。

现在，我们购买一台冰箱，它就只是冰箱，但被互联网化之后，这台冰箱就不再是一台硬产品，它会被连接到整体互联网当中，提供智能温控、自动补货、自动报错和自动报修等数字服务……企业其实是在基于冰箱产品提供数字服务，而不是卖冰箱。

其实，**从传统的“消费型社会”进入到未来的“使用型社会”**，硬件产品不赚钱，数字服务才赚钱，也是我写作《轻资产时代》一书的核心观点之一，书中也对其中原因做了非常详尽的阐述，包括**“个体无法负担的系统成本”“用完即走的体验细节”“重资产的快速迭代之殇”“硬商业的软蝶变”“云端之上的轻资产运维”**等诸多原因，都决定了数智经济时代企业要依靠数字服务赚钱的这一智慧商业底层逻辑。

2020 年是商业市场从“硬产品”到“软服务”消费升级的一个分水岭，在这以前，卖硬件还可以赚钱，在这之后，企业更多只能赚数字服务的钱。对于绝大多数的传统企业而言，当赚钱的逻辑从“硬件维”向“数字维”转变，相比于硬件产品的生产，开发数字服务才是亟待突破的一项“高维技术”。

第五章

重塑商业磁场：引爆第二轮要素资源的快速重排

蒸汽机一声轰鸣，按下了资本主义的加速键，传统封建社会的要素资源组合被剧烈重排。

2020年开始的新十年，商业从传统数字经济的“低维”走向新兴数智经济的“高维”，市场中稳固的要素资源组合也将会率先被打破，几乎所有的市场主体都将经历一番剧烈的要素资源重新排列组合的过程，更高维的智慧商业体会产生强大的商业磁场，将会吞噬海量的商业要素资源，新业态、新商业、新物种将如雨后春笋般涌现。

上一轮要素资源的重新排列组合发生在2010—2019年间，即互联网智慧商业的2.0阶段（市场网络）和3.0阶段（数字经济）。《商业向心力》一书就高度概括了上一轮要素资源快速重排的过程：

进入21世纪的第二个10年，具有“商业向心力”的企业正在吞噬着巨大的经济改革发展红利。在互联网的催化下，商业要素资源的流动正在变得“快速”且“活跃”，几乎所有的商业要素资源都在重新进行“排列组合”，它们疯狂地向具有吸引力和整合力（即商业向心力）的企业靠拢，而那些没有“商业向心力”的企业正在被淘汰或被边缘化。

该书的第一章第一节——“商业向心力的逻辑起点：剧变的商业与要素重排”，清晰地描述了要素资源快速重新排列组合的发生过程。

书中讲到这个时代的典型特征就是商业要素资源的流动正变得“快速”和“活跃”：

5 分钟就可以借到一笔钱；

7 天就可以注册成立一家公司；

15 分钟内就能在线招到雇员；

1 小时之内可以让数百万用户看见产品的新闻；

1 天之内可以把产品销往全国各地；

3 秒钟之内销售产品的收入就可以回款；

甚至公司的生意火爆被媒体报道了，当天就会接到“风投”的电话……

进入 21 世纪的第二个 10 年，商业社会的发展变得越来越快，商业要素资源也变得越来越活跃，各种商业要素资源的流动频率已经远远超过了上一个 10 年。

比如，人才“跳槽”的频率和“创业”的冲动显著增加，优秀的人才只对吸引他们的事业表现出“忠贞”，几乎所有优秀的人才要么在创业，要么在蠢蠢欲动地想着创业，要么在利用工作间隙的时间偷偷地创业，人们的“创业潮”像极了 20 世纪 80、90 年代的“下海潮”，人才这一要素资源被彻底地激活了。

在过去的五六年时间中，原本沉睡在银行系统中的巨量资金快速地“流动”起来，“资金”这一被互联网“激活”的商业要素资源就像长了脚和翅膀一样，走起来了，跑起来了，飞起来了……如果用一句话来概括“资金”的这种剧变，那就是——"以前是项目找资金，现在是资金找项目"。

其实，进入21世纪的第二个10年，不仅仅是人才和资金，技术、供应商、顾客、媒体以及社会公众，几乎所有和商业有关的要素资源都无一不发生着剧烈的变化，呈现出高流动性和极度活跃的特点，每一种要素资源都在快节奏的商业社会中自由选择着适合发挥自身潜力的角色。

中国经济经过30多年的高速发展，已经积累起了巨量的"商业要素资源"，并且还在制造和创造着更多的"商业要素资源"。这些存量和增量的要素资源正在互联网的催化下加速"流动"和"活跃"，并且在商业上进行着新的"排列组合"。

比如，过去打车仅限于出租车，但网约车的出现，将社会存量中的"司机"、"汽车"和"乘客"三种商业要素资源彻底地"激活"了，人们再也不用像过去一样为"出行难、打车难"而担忧，三种要素资源的重新排列组合诞生了互联网出行公司，它们打破了过去"出租车"与"乘客"之间简单的商业关系，这种社会中存量要素资源重新进行排列组合，便是"剧变中的商业"的典型写照。

而且，"重新进行要素资源排列组合"的远不止出租汽车行业，从商贸、餐饮、物流、支付、交通、房地产、媒体、招聘，到银行、金融、出版、家电、旅游、医疗、工业制造、农业、教育等，几乎所有商业领域要素资源的稳定关系都在被互联网打破，并重新进行着"排列组合"。

以餐饮市场为例，美团外卖、饿了么等"外卖军团"的出现，就通过互联网将餐饮企业、餐饮用户、计算机人才以及送餐人员等要素资源进行了商业上的"重排"。

21世纪的第二个10年，科技企业"互联网+"和传统企业"+互联网"高速发展，各种商业要素资源被互联网激活了，它们开始重新进行排列组合来寻求价值最大化，各种要素资源的商业潜力被极大地“释放”了出来。

最为重要的是，商业要素资源并非被动地等待“重排”，而是自由选择、主动加入以期寻求在新要素资源组合中进行自我增值和价值最大化。

在互联网技术的催化下，人才、技术、资金、供应商、顾客、媒体等各种商业要素资源高度活跃、快速流动，并且它们之间自由地进行“排列组合”，每种要素资源都在自由选择、主动创造或敏锐追逐市场“风口”，以图最大化发挥自身价值。各种商业的要素资源通过重新排列组合来进行商业上的主动占位、抢位和强位的意识增强，这不仅催生了诸如社交媒体、网络外卖、网络叫车、共享单车、互联网电视、移动支付、互联网金融等很多全新的商业业态，更让一些企业在数年之间就得到了十倍、百倍乃至千倍、万倍的高速增长，诞生了很多的商业“黑马”和新的“巨无霸”企业。

接下来，我们将沿着上一次要素资产快速重排的过程，看新一轮数智经济重排要素资源可能发生的轨迹。

1. 要素资源的排列组合

在传统的商业世界里，从资金、人才、信息、厂房到商品，各种要素资源就像是一枚又一枚不会走路的石头，它们纷纷等待着被动的精确安排，企业会按照自己的商业计划分配和管理这些要素资源，但在互联网的商业世界里，资金、人才、信息、厂房和商品，各种要素资源却像是长了手和脚一样，它们主动地走出原来封闭的小空间，搭上互联网信息比特的便车在更广阔的“宽域市场”中寻找生存机会，并与其他的智慧商业体自由排列组合。

正是要素资源的这种自由排列组合，打破了传统根深蒂固的商业安排，让传统的机械控制的商业世界迅速地归于瓦解，也让新生的生物涌现的新商业时代扑面而来。

商业世界从机械系统到生物系统的转变，让一个个无生命的、被动运行的螺丝、齿轮，变成了有生命的能够自主决策运行的细胞、生物。这背后的逻辑是，互联网让商业运行从机械系统变成了生物系统。商业的系统变了，竞争的规则也就变了，个体的生存智慧也会随之而变。

在 2020 年"5G+AI+ 物联网"开启数智经济时代之后，要素资源不仅会"长手长脚"，还会进一步生长出"智慧和头脑"，以此为契机，要素重排的欲望会更加强烈，要素重排的行动将会更加频密，要素重排的能力还会更加智能化。

届时在数字经济时代已经稳固的要素资源组合关系，将会经历一番全新的洗牌——再次快速重排，比如饿了么 2.0（融入无人机配送 AI）会超越现在的饿了么，今日头条 2.0（融入机器写作 AI）会超越现在的今日头条……

也就是说，商业从数字经济到数智经济的"升维"，将会显著打破现有的商业磁场，所有现在还看似固若金汤的商业关系，都会被数智经济时代里更智慧的商业新物种洗牌、劣汰和再次重排，因此，固守"数字经济"思维将会落后挨打，拥抱"数智经济"思维才能获得新生。

数智经济引发的第二次"要素重排"正扑面而来

分类 / 表现	传统商业世界（机械系统）	互联网商业世界（生物系统）
商业系统的运行逻辑	基于管理的"控制论"	商业向心力的"涌现论"
商业世界的竞争法则	同一文明等级的对称竞争	高维技术低纬展开的非对称竞争
要素资源的生存智慧	无生命，等待被动安排	有"生命"，能够智慧地自由排列组合

2. 互联网智慧商业与传统商业的关系

自 2013—2015 年开始，传统商业陆续遭受来自互联网智慧商业体的严重冲击，互联网智慧商业世界来得太过猛烈，以致传统商业还没来得及反应，就被摧枯拉朽地颠覆了。

比如，网络约车平台的出现让众多的传统出租车公司怨声载道，今日头条也让很多传统的报社、杂志社面临解体，互联网 AT 两大巨头让传统的零售大鳄们望风而降，互联网电视让传统的“广播电视”看到危胁……

但随着传统商业摧枯拉朽后扬起的尘土的渐渐消散，人们越来越清晰地窥见了新兴智慧商业世界的大致轮廓——**智慧商业世界与传统商业世界不是替代关系，**而是共生关系，传统商业中广布的各种要素资源，经过互联网智慧商业的自由排列组合后，也将成为整体商业生态不可或缺的一部分。

所以，人们看到，包括《人民日报》《新京报》《中国青年报》、新华社等在内的众多媒体纷纷主动入驻了今日头条，招商银行、平安银行等传统银行纷纷通过自建私有云或接入公有云等方式成为互联网银行，传统的电视台也积极主动地转向互联网电视智慧化升级，出租车公司或自建了类似网络约车一样的出行供需对接 App，或主动让司机接入网络约车的平台来跑单。

要素重排是传统商业的一次浴火重生之旅，在脱胎换骨之后，他们会很快融入互联网的智慧商业世界。**传统商业与互联网商业，本来就是阴阳和合的关系，就是轻资产驾驭重资产的关系，就是虚拟神经系统驾驭实体身体骨架的关系**（有关轻资产驾驭重资产、神经系统驾驭身体骨架的数智经济理论，请参阅商业向心力财富版《轻资产时代》）。

现在的传统商业，需要调整心态，进行智慧化的要素重排，然后接入到互联网商业的智慧化基础设施之中，但与互联网做的事情不同，传统经济需要始终坚定自己那颗做实业的初心，无论未来有多少艰难险阻，都要坚守实业，要踏踏实实，一步一个脚印地走，始终跟上互联网的脚步，无论数智经济发展到何时，**互联网商业虽然可以为传统商业提升效率和商业智慧化水平，**

但将永远无法完全替代传统经济的实业。

数智经济的本质，就是线上互联网与线下实业重新排列组合，建立起"阴阳和合"的智慧化商业关系，彼此发挥着各自优势开放并拥抱对方，形成"灵与肉"、"传统经济的血肉骨架与数智经济的神经网络"的生物化关系。

3. 平衡要素资源自由组合的不稳定性与高效性

传统商业和新兴商业进行"要素重排"并非一路坦途，而是要历尽各个劫难，即便取得了成果，也要防止数据安全带来的风险。

互联网商业中要素资源自由选择的特征决定了自由选择的代价就是关系的不稳定。打个简单的比方，假如你是某网络约车平台上的一位网约车司机，当你觉得在这家平台无利可图的时候，你随时可能会抛弃与此网络约车平台的联结，选择其他的网络约车平台。

所以说，**一方面代表了新的要素资源排列组合是一种脆弱的、不稳定的联结，也存在着数据安全问题**。

由于要素资源长出手和脚，长出智慧和头脑，因此可以自由排列组合，**导致数智经济具有显著的"脆弱性"**，很容易因为"要素资源组合的不稳定"和"数据安全风险问题"导致前功尽弃，因此，**保证"生态系统的开放性（通过要素资源的新陈代谢，让生态系统拥有再生能力）"和"确保数据安全"是需要数智经济贯彻始终的**。

这也反映出生物系统与机械系统的不同之处，**机械系统意味着稳固的联结，但无法突破效率的"天花板"，生物系统则恰恰相反，它代表着更高的效率，但却无法解决脆弱联结的问题**。也就是说，你想要变形金刚一样坚固的钢铁之躯，就无法拥有转世灵猴一样敏捷的灵活之身。

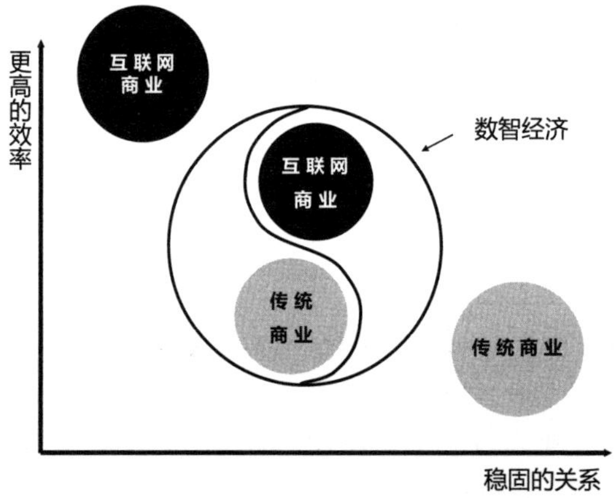

这个世界没有十全十美的事物，想要拥有更高效率的商业系统，就需要采用更轻量化的商业设计，**轻量化就意味着脆弱性**，所以，发展传统商业与互联网商业阴阳和合的“数智经济”，就**一定要打造能够高度“容错”的要素资源组合**，以商业向心力持续吸引要素资源、推动要素重排与新陈代谢，时刻保证生态内部的再生能力。

容错，是生物系统的一种自我修复机制，新的物质和能量随时可以进入，现有的物质和能量随时可以被释放出去，即便生态系统被局域性破坏，整体生态也能正常运行，始终保持一种开放的、熵减的、可再生的状态，对于数智经济生态也是如此，要提供要素资源进出的“通用接口”，确保商业生态对要素资源有持续的吸引力，保证对数据安全问题的容灾能力，方便各种要素资源进进出出和新陈代谢，这也是数智经济新一轮要素资源重新排列组合的显著特点。

因此，**商业从数字经济的“低维”走向数智经济的“高维”，企业将始终需要在更高的效率和更稳固的关系中进行平衡**，确保平衡的最好办法就是保持“开放性”，保持对商业生态的“容错”能力，要让要素重排成为企业生产的一种常态，用商业向心力磁场替代精确安排，来动态固化要素关系，就像华为“活力之源”的生存逻辑，不为追求稳固关系而牺牲组织的敏捷性。

第六章

抵近生物效率：从“机械效率”到“生物效率”

传统商业中，市场需求与有效供给之间是一条冗长而低效的商业链，中间隔着反应迟缓的渠道商、一级代理、二级代理……零售商，这样的传统商业就像是一台依靠齿轮咬合、机械传导的机器系统。

新兴商业则不同，市场需求与有效供给之间是由网络连接和数据算法构成的一条高效而快捷的商业链，需求和供给瞬时传导、即时响应，新兴商业更像是一个布满神经网络并进行神经传导的生物体，消费者的需求可以得到“立刻、马上”的响应。

生物效率的产生是基于发达的生物神经网络，对于数智经济时代的商业体而言，生物效率的产生是基于各种新兴的互联网商业基础设施，包括由大数据、云计算、5G、AI 等构成的“商业基础设施 2.0”，以及边缘计算、终端设备、传感器等带来的遍布物理世界的一个个“神经末梢”。

如果把传统商业的“机器效率”和数智经济的“生物效率”做一个形象对比，前者相当于人类用火箭把卫星送到太空，后者则类似于太阳用光波把能量送到地球。很显然，火箭运送卫星的物理传输效率，与光波传送能量的传输效率有云泥之别。传统商业的重资产模式，只能采用物理传输的方式，但数智经济的轻资产模式，则可以采用光波传输的方式，未来的智慧商业世界是一个光波传输的轻资产驾驭物理传输的重资产的世界，一个商业运行指向“生物效率”和“神经网络”的世界。

1. 数智经济与效率均衡

当人们谈及“效率”这个词的时候，它究竟是一个个体的概念，还是总体的概念，是系统的概念，还是局部的概念？

就个体而言，相比于自行车，汽车的交通效率显然更高，但就整体拥堵的城市交通系统而言，3 公里以内自行车的通勤效率要比汽车高。为什么人们追求个体交通的绝对高效反而带来了城市交通总体的低效呢，甚至城市交通系统的崩溃呢？可见，传统商业基础设施对“效率”的理解是狭隘和矛盾的，一味地追求高效反而意味着最终得到的可能是相反的结果，类似交通行业的个体一味追求高效率反而带来系统低效率的案例比比皆是（比如医院挂号，每个人都想尽快挂到号，结果滋生了“黄牛”），这显然不是现代商业所孜孜以求的“效率”本身。

那么，城市是应该继续优先发展高效的汽车交通，还是应该补足自行车基础设施的短板呢？这是一个值得人们思考的“效率”问题，它关乎个体与整体、系统与局部的“效率均衡”。

网络约车及共享单车的出现，以及智慧交通的应用，让人们开始重新审视和思考城市交通的效率问题，以互联网智慧交通为特征的新兴交通基础设施改变了人们对“效率”的理解，它如今变成了个体效率和系统效率的一种“效率均衡”，城市开始基于交通大数据对基础设施进行各种微观调整和改造。

在新兴互联网商业基础设施出现之前，在类似城市交通等非常多的生活和商业领域，人们都忽视了对个体效率和系统效率进行均衡的想法，人们天真地以为个体效率的提升就一定会带来系统效率的进步。所以，过去每一个人都要购买一部电脑，每一家企业都需要购买大空间的存储设备，但其实这都不是效率最大化的选择，现在企业终于发现集中管理的"云端"也可以是更具效率的选择。

也就是说，**传统商业是有严重缺陷的，它们无法充满智慧地对个体效率与整体效率做出平衡**。其原因在于，传统商业中个体与整体之间并没有建立起有机的联系，**人们不掌握个体效率与整体效率之间的数据逻辑**（即便掌握了数据逻辑也无法做出微观层面的即时调整），甚至一度误认为个体效率就等同于整体效率，或者主观推定系统的效率进步就是因为个体效率的提升。

就"效率"而言，**数智经济的任务是在个体效率和整体效率之间找到一个"效率最大化"的平衡点**，这个平衡点只有通过精确的生物计算才能找到，比如，人和动物可以对自身的行动路线进行生物计算，然后综合选择一种效率最大化的目的地抵达方案，但汽车和自行车是无法做到的，因为它们不懂如何进行生物计算，这也是为什么说数智经济的效率之战是"生物效率"而非"机器效率"的原因。同时，对整体与个体之间的效率进行平衡，也只有通过数智经济时代的商业基础设施才能够完成，传统商业基础设施则无能为力。

传统上，不仅各商业主体无法解决个体与整体、局部与系统的生物效率问题，市场、有形之手也解决不了个体与整体、局部与系统的生物效率问题。在提升商业的"生物效率"问题上，市场是失灵的，市场的自我调节并不能带来商业效率质的提升，市场的自我调节并不能带来商业效率质的提升，"有形之手"的干预也往往顾此失彼或过犹不及。比如，就现代城市继续解决的交通问题，人们迫切需要数智经济时代的数字基础设施来帮助解决城市交通的“生物效率”问题——比如正在逐渐变成现实的“城市交通大脑”“自动驾驶”和“车联网”。

现实商业正处在这样的一个从“机器效率”向“生物效率”的转折点上——既要看个体，也要看整体，既要看局部，也要看系统，而不是像以前一样把它们割裂开来看，这些都需要数智经济来解决，数智经济将是一个“人和万物智能网联”的商业时代，个体和总体、局部和系统、宏观和微观之间如何实现效率均衡，都将可以从数智经济找到“最优解”。

2. 数智经济与存量效率

中国经济正在从“高速增长”转向“高质量发展”，经济增长方式的转变背后效率逻辑也要转变，它意味着“向增量要效益”不如“向存量要效率”时代的来临。

以挖矿为例，过去提升挖矿效率的方式就是增加更多数量的挖掘机设备，但矿场里的挖掘机数量饱和以后怎么办呢？一味地增加挖掘机数量只会带来产能的过剩，而不会带来效率提升，此时最好的办法就是提升单台挖掘机的工作效率，淘汰落后产能提升存量的效率。比如，研制更高技术的挖掘设备促进挖掘机更新换代，开发人工智能辅助驾驶的挖掘机来提升效率，或通过大数据计算优化挖掘机和运输车的作业协同，抑或通过云计算的精准匹配把过剩的挖掘机产能向其他矿场出租，这些都是存量时代的效率选择。

多，在增量时代是好事，但在存量时代却变成了一种痛苦。比如，拥有过多数量的汽车并不会带来交通效率的提升，反而会带来城市拥堵；拥有过多的银行网点也不会带来金融效率的提升，反而会带来资金的空转；拥有过多的房子也不会带来居住体验的改善，只会带来更多的资产闲置；拥有过多的物质财富也不会带来人们幸福感的提升，徒增资产维护的痛苦……所以，在各种资产纷纷过剩的当下，人们迫切需要向存量要效率，用更智慧的生物效率逻辑来优化存量效率。

增量的效率来自工业化，也就是大规模机械化生产带来的效率，而存量的效率源自智能化，也就是智慧化的资源配置和智能化生产带来的效率。

未来，存量的效率提升主要受益于"数智经济"的崛起。由人工智能、大数据、云计算、5G、AI、边缘计算、智能终端、传感器等组成的互联网智慧商业基础设施，可以实现用"看不见的脑"来精准调配市场存量资源，通过遍布在商业中的神经末梢来对各种要素资源进行智慧化的精准调配和智能化的生产，可以最大化发挥存量要素资源的效率和价值。

用数智经济生物效率思维提升存量效率可以有三种方式，分别是**"赋能存量""盘活存量"和"虚拟化存量"**三种形式。

（1）赋能存量：

传统商业中，一辆汽车也好，或者一台机器也罢，它们的工作效率几乎是恒定在一个区间内固定不变的，汽车不会因为驾车的人技术熟练，运输效率就有质的改变，机器也不会因为操作它的工人技术熟练，工作效率就会有质的提升。

但在轻资产驾驭重资产的数智经济中，通过对个体进行智慧化"赋能"来提升存量效率却十分常见。比如，用自动驾驶技术赋能汽车，用云计算的网约车服务赋能出租车，用外卖订餐系统赋能餐馆，用菜鸟物流系统赋能超市卖场，用工业 4.0 的系统赋能制造工厂……借由互联网智慧商业设施的"赋能"，汽车、出租车、餐馆、超市卖场和制造工厂等可以实现更高的个体效率，人们不必增加更多数量的汽车、出租车、餐馆、超市和制造工厂等，仅靠存量的效率提升，就可以实现更高的效益。

赋能存量的本质是智慧化改造存量个体，其结果是打造一个又一个被系统连接的“超级个体”，这些超级个体的共同特征就是——非孤立和智能化，即它们都通过“连接”和“数据”被接入商业基础设施 2.0，同时作为智慧商业的一个“末端”在系统的指导下进行工作，而不再是像过去一样独立发挥作用。

（2）盘活存量：

当然，并不是所有的存量个体都能被智慧化赋能。

绝大多数具有生产性质的存量资产，都可以通过智慧化赋能来提升效率，比如工厂、机器，但固定的、静态的资产一般都无法被智慧化赋能，比如作为固定资产的房子就不行，静态的纸币也无法被智慧化赋能，这就涉及到提升存量效率的第二个办法——盘活存量，让存量个体流通起来也可提升存量效率。

盘活存量主要是减少存量个体闲置的时间，像新兴商业中的共享办公空间、共享民宿等，都是用盘活存量来提高效率的方法，把这些闲置的资源在市场中流通起来，从过去的只连接一个人、为一个人创造价值（或连接几个人为几个人创造价值），到连接 N 多人为 N 多个人创造价值，可以大大减少存量资产闲置的概率或闲置时间。

在中国，房子的存量效率还没有被激发出来，某企业家对盘活房地产存量的看法就非常具有前瞻性，他说，“互联网是反房地产的，未来我们的地产的目标是要把重资产模式变成轻资产平台，变成一个可以和大家分享资源的平台，让我们的地产和房地产同行们建的每一间房子、每一个车位都充分地利用起来。”

银行释放了大量的流动性给房地产行业，房产商建了足够人住的房子，但这些房子却不是全部用来居住的，城市里的房子被大量空置，与此同时，实体经济却面临着非常严重的资金饥渴，如果中国经济转向高质量发展，这样的局面必须要改变，必须要盘活存量的房子，推动将房地产从"增量时代"转向"存量时代"，而向存量要效率，就需要用数智经济的方法让存量的房产充分地流动起来。

（3）虚拟化存量：

很多人都说现在是创业的黄金时期，包括科技预言家也持这样的观点，认为人类可能再也找不到一个时期比现在更适合创业了，但奇怪的是，有越来越多的创业者最后都成了"过剩产能"，成为被淘汰的对象，他们创业失败了。

他们创业失败的原因是什么呢？很简单，他们的商业思维还停留在增量竞争的阶段，没有向存量竞争阶段进化。怎么理解这句话呢，打个比方，很多创业者所谓的创业，就是看别人有家咖啡店生意不错，然后自己也找个地方如法炮制地开一家咖啡店，又或者看朋友承包了一个快递配送站很赚钱，也凑热闹承包一个……这些都是增量竞争，也就是在制造增量，而当市场竞争已经饱和、产能过剩的时候，增量竞争是不创造效率的，只会创造过剩，所以增量竞争的创业必然是失败的。

要想创业成功，需要和增量创业反着来，去想替代和淘汰存量个体的方法，我称之为"虚拟化存量"的办法。譬如，如果我们认为纸币流通的效率低，那么就用数字货币来替代纸币，这样货币的流通效率就提高了；再比如，如果我们发现实体银行的效率太低了，那么我们就用"互联网银行"来替代它。

现实生活中，很多过去纯实体的商业业态都已经被互联网虚拟化了，比如服装店、3C 商城、书店、电信营业厅、报刊亭、电影票售票厅，同时还有很多存量业态正在被虚拟化，比如高速收费站、停车场收费处、商超收银台，这些都是数智经济提升存量效率的第三种方式——虚拟化存量。

从现在开始，创业成功只有一条“黄金法则”，那就是符合数智经济的法则——增量竞争必死，存量竞争必胜。每一个有竞争力的商业体都必须成为数智经济的一个强有力的、具有生物效率思维的“神经末梢”，世界经济尤其是中国经济已经处在一个从“增量”到“存量”的拐点，如何更好地利用“存量”，提升“存量效率”，是摆在企业家、创业者眼前并时刻考验他们智慧的重要课题，这里面会诞生出无穷的商业机会，也会埋葬无数增量竞争者的骸骨。

3. 数智经济与双向效率

机器和生物体的明显区别，就是生物体的反应是双向的，但机器反应是单向的。当人的手不小心伸到热水里，手就会感觉到痛，痛觉通过神经网络传输到大脑，人会在大脑的支配下立刻做出缩手的反应，但机器手臂就做不到，机器的反应是单向的，它没有触觉，它可以做出机器臂伸到水里的反应，但被热水烫到却不会缩回来。

数智经济也面临一场“效率之战”，**传统商业的效率是机器效率，数智经济的效率是生物效率**，生物效率比机器效率要更为高效。其实，生物效率的实现就在于互联网智慧化、商业基础设施可以组成“神经网络”，它可以改变传统商业单向运行的缺陷，实现商业的双向运行。

传统商业也并非完全没有反馈的那条商业链，只是它们的反馈太慢了，企业很难及时做出反应，反馈快和反馈慢的结果完全不同，就像下面这则笑话：

一群动物航海遇上食物短缺，大家决定通过讲笑话决定谁能生存，谁讲的笑话不能把所有动物逗笑就要被丢到海里去。牛先讲了一个笑话，大家都笑了，唯独猪没笑，牛只好被丢到海里淹死了。接着羊讲了一个笑话，然后一个动物都没有笑，但唯独猪忽然疯狂地笑个不停。大家都很纳闷，然后问猪为什么笑。猪回答说：刚才牛讲的笑话太好笑了！

这虽然只是一个笑话，但却反映了非常严重的效率问题，**猪（传统商业）的反射弧太长了**，而反射弧一旦太长就影响了游戏规则，让牛白白地含冤而死（传统商业的反射弧长，导致货物积压、生产过剩而破产）。

商业也是如此，当效率只从生产端向消费端单向传导，反馈的反射弧太长或者干脆就没有反馈，势必会影响商业的运行效率，当企业生产的商品在代理商那里已经库存成山、积压严重，工厂却得不到来自产业链末端——消费者的"即时"反馈，毫不知情的情况下还在开足马力生产，就会把企业推向死亡边缘。

数智经济的效率是正反双向传导的，它需要商业末端也主动参与和实时反馈数据。比如，没有末端用户实时提供的需求数据，饿了么就不知道给用户如何送餐，也不知道送到哪里和送给谁；没有末端用户实时提供的需求数据，曹操出行也不知道如何向用户提供网约车服务；没有末端用户实时提供的需求数据，菜鸟物流也不知道把商品送给谁、送到哪儿……传统商业的效率单向传导就不会出现这样的情况，超市里的商品就摆在货架上，它不需要实时知道消费者需要什么、在哪里、怎么过来买等数据；商城里的商品就摆在店铺里，它也不需要实时知道消费者需要什么、在哪里、怎么过来买等数据。

传统商业的交易主动权在前端，也就是企业的研发、设计、生产和销售等环节是主动的一方，其商业逻辑是“我提供某某产品，物美价廉，快来买！”

但数智经济的交易主动权则在末端，用户的需求、体验和消费等环节变成了主动的一方，其商业逻辑是“我需要某某产品，现在就要，快来卖（或快生产）！”

如果我们把传统商家主动发起交易的方式称之为“正向交易（B2C）”，那么，现在类似盒马鲜生这样的用户主动发起交易的方式就应该称之为“反向交易（C2B）”，未来这种反向交易还会进一步从盒马鲜生延伸到智能工厂（C2M），**数智经济是正反双向的，因为只有双向才能快速响应供需，才能显著提升商业运行效率。**

商业的运行方式从过去的企业说“我提供产品，快来买”，到数智经济的用户说“我需要产品，快生产”，看似只是交易过程的一个很不起眼的微弱调整，但带来的却是企业生存方式、竞争方式的彻底转换，它导致很多曾经辉煌一时的企业正在走向灭亡，而一些呱呱坠地的新兴商业体却爆发出星火燎原之势。

传统商业的天平严重“倾斜”于供给侧，资金、人才、技术等商业要素都投入到了供给侧，导致市场产生了很多无效、过剩的供给；但数智经济则要把这种不健康的商业状态逆转过来，把相当一部分资金投入到了需求侧，以需求侧的数据来决定供给，提高需求和供给无缝对接的效率。

事实上，**新兴商业大都是在“需求侧”爆发起来的，**盒马鲜生、饿了么、小猪短租等一大批新兴的互联网企业，都是利用用户需求数据带来的“反向交易”机会的商业成功案例。

当商业以供给侧为“根据地”，从供给侧向需求侧正向扩张的时候，供给侧的企业会向下正向整合品牌商、渠道商、零售商等商业要素资源，比如中粮集团、伊利集团、格力集团、一汽集团等做大做强都是采用了供给侧扩张的方式；而当商业以需求侧为"根据地"，从需求侧向供给侧反向发展扩张的时候，需求侧的企业则会向上逆向整合工厂、研发、设计和销售等商业要素资源，比如阿里巴巴、新美大、饿了么等都是采用了需求侧扩张的方式。

也就是说，企业的发展是采用"供给思维"还是"需求思维"，对企业的扩张路径的影响是截然相反的。举一个简单的例子，需求侧起家的网络约车平台，在未来的数智经济阶段可能会整合上游的整车工厂、4S店和品牌商等上游汽车产业链，同理阿里巴巴也可能会在未来收购企业的生产工厂、销售卖场和产品研发、品牌运营等企业，向上整合制造产业链，这种自下而上的商业扩张将是数智经济的一种典型的"商业反噬"行为。

企业实行"供给侧改革"，生产技术提高，产品打入高端市场，就不会过剩和滞销吗？实际上，**企业真正需要的不是"单方"的供给侧改革或需求侧改革，而是"正反双向"的产、供、需无缝对接的改革**，前几年借由"数字经济"，一些领域基本实现了正反双向打通供、需对接的改革，网约车、新零售等就是这种改革的典型样本，而未来经由"数智经济"，制造、农业等领域将可以实现"正反双向"打通产、供、需全链的改革。目前阿里巴巴、海尔等就已经在着手进行这样的商业探索，比如**阿里主张的"C2M"模式，海尔实践的"人单合一"模式**，中国制造企业当前的改革重点就是要向海尔一样，想办法尽快融入正在到来的"数智经济"，正反双向打通产、供、需全链。

所以，供给和需求重在无缝匹配，而非刻意追求向高端升级。供给侧的局部效率提升，产品更高档了，不匹配消费需求，反而有可能让老百姓消费不起，否则无法解释“拼多多”现象。人类即将进入智慧商业的高级阶段——数智经济，自由市场的经济学理论并不一定适用于数字市场，经济学家应该探索建立“数字市场”的新经济理论，从过去的书本里走出来，从传统的供给侧改革和需求侧改革的窠臼里走出来，仔细研究一下数字经济以及数智经济给中国经济带来的变化，以及为什么会发生这样的变化，未来经济社会需要的不是普通的经济学家，而是**能够读懂数智经济和数字市场的经济学家**。

第七章

遵从涌现逻辑：个体会产生新的高级智慧

人类认知复杂事物有两套逻辑，一个是“还原论”的逻辑，另一个是“涌现论”的逻辑。

物理世界中的诸多现象，类似天体是怎么运行的，机械是怎么运转的，人类都能够还原其过程和原理，然后通过这些原理能够人为地精确制造出卫星这样的人造天体，以及汽车这样的机械系统。

但生物世界的一些现象，人类却始终无法解释，例如生命系统是怎么形成的、大脑系统是怎么产生智慧的问题等，人类始终无法还原其形成过程和原理，更无法人为地制造出这样复杂的系统，因此人们认知这些人类无法还原的复杂系统通常用“涌现论”的逻辑，认为是复杂系统中大量个体自组织的结果。

未来，数智经济产生各种机器智能的过程，也不是人类可以完全精确控制和准确还原的，管理者需要探索智能如何在人和万物智能网联的商业生态中“涌现”，并利用这种“涌现”。也就是说，数智经济时代企业不仅要追求“精确管理”带来的红利，更要追求“智能涌现”带来的红利，**企业家、创业者需要探索利用涌现原理进行企业管理和商业模式设计。**

1. 建立涌现特质的开放系统

“涌现”最早由约翰·霍兰提出，指出涌现是一种从低层次到高层次的过渡，是在微观主体进化的基础上，宏观系统在性能和机构上的突变，在这一过程里从“旧质”中可以产生“新质”。

通常情况下，当人类在解释一些生物学现象，比如智慧群落如何形成时，往往认为就是群体“涌现”带来的结果。比如，单独研究一只蚂蚁，会发现蚂蚁没有什么智慧，单个蚂蚁的行为是一系列的生物本能反应，但当蚂蚁汇聚成蚁群后，就会像智慧生物一样，有精密的思维和分工，群体涌现让蚁群成为拥有高度智能的小型社会。

人类渐渐发现，尽管人们不知道智慧系统的具体工作原理，不能够像精确制造卫星一样精确制造出拥有智慧的复杂系统，但**人们却可以通过制造“具有涌现特质的开放系统”，让系统自主涌现出新的智慧能力。**

经过观察，人们发现具有“涌现”特质的开放系统一般有这三个特质：

① 拥有大量个体；

② 个体之间彼此有连接和交流；

③ 简单个体在规律上堆砌复杂性。

其中，在生物界凡是能够出现整体涌现性的个体，不管多么的低级，其自身都具有自主性，具有一定的自主意识，可以实现感知、判断、执行等基本功能。

其实，“涌现”也是开放系统（与外界有物质和能量交换）自组织的一个重要现象。自组织原理认为，一个与外界有物质和能量交换的系统，会自动组织成一个比之前更加复杂、完善的新系统。

比如，互联网就是一个开放系统自组织的典型场景，互联网中的商业体可以不断与外部有数据信息地交换，今日头条每天都在与很多人交换知识信息，阿里巴巴每天都在与很多人交换商品信息，腾讯每天都在与很多人交换社交信息，所以，字节跳动、阿里巴巴、腾讯就会不断进化成为更复杂的新系统，产生诸如巨量引擎、阿里云、腾讯云等新的系统能力。

同时，人们还发现，处在开放系统中的大量生命个体，也会因为彼此的连接交流和系统赋能而进化和迭代出新的能力，人类自身的个体进步就是典型的例子，由于人与人之间信息交流更加频繁，我们相比几千年前的人类，每个人都拥有了更高的智慧和更精湛的技能。

2. 享受数智经济的"涌现"红利

不难发现，在数智经济时代，随着机器设备等各种要素资源因为5G和AI变成智能终端，彼此建立起智慧化的连接，时刻在线进行数据信息交换，商业世界将会满足具有涌现特质开放系统的三个条件：

① **出现大量的拥有一定自主意识的智能终端；**

② **智能终端彼此之间会建立起信息和数据交流；**

③ **智能终端本身还会因为植入了操作系统而可以迭代学习和堆砌复杂性。**

这三者刚好契合"涌现"的诞生条件，这就意味着**数智经济时代商业世界可以产生大量"具有涌现特质的开放系统"**，商业世界会因此涌现出新的、更高级的AI能力，因此"涌现"的逻辑势必将在数智经济中扮演极为重要的角色。

在这种情形下，企业若能够基于海量智能联网的设备建立起具有涌现特质的商业系统，必将在未来的智慧商业世界里牢牢占据一席之地，哪怕仅仅是接入具有涌现特质的开放系统，个体也能得到系统的智慧赋能并向更高的开放智能体进化。

在数智经济时代，企业可以构建三类具有“涌现特质的开放系统”，以便完成企业向未来智慧商业的进化：

第一类是建立“用户智能涌现系统”，用户始终是拥有自主意识的大量个体，连接更多的用户就具备了涌现智慧商业的条件，这属于**消费互联网模式**。

第二类是建立“机器智能涌现系统”；开放连接各种拥有“自主意识”的智能终端设备，从而让系统涌现出更强大的机器智能，这属于**大规模智联网模式**。

第三类是建立“商业智能涌现系统”，也就是连接更多接入智慧网络的B 端商家和商业体，从而产生更强大的商业智能，这属于**产业互联网的模式**。

总之，在数智经济时代，我们每个人、每台设备、每家企业都需要做到更开放，去主动拥抱各种人与万物智能网联的商业系统，然后才能享受到开放系统带来的“涌现”红利，相反，所有封闭自己的行为，都将会走向智慧商业的对立面，会错失进化的时间窗口和丧失生存的物理空间，最终被智慧商业的列车甩在身后，消失在数智经济车轮后的滚滚红尘之中。

第八章

奉行生态规则：强中心、共生化、无边界、自驱动

这一章我们探讨数智经济时代，经济社会具体需要什么样的人才和组织，以及人才和组织的工作内容及形式会发生怎样的变化。

《商业向心力》一书中讲到商业向心力是互联网引发的一场管理变革，这场管理变革，让企业从有限的要素资源管理，升级为无限的要素资源管理，也就是“以自身资源为中心，以商业向心力为半径”的要素资源管理。

传统经济中，企业管理只需要管好自己的“一亩三分地”就好了，各种要素资源怎么用，完全由自己说了算。企业所有的要素资源都是拥有完全自主的产权或使用权，那么企业没有的要素资源怎么办呢？企业会通过负债的形式购买过来，人才和组织也是完全的员工雇佣制，你签了劳动合同成为我的员工，就不能给再签同样的劳动合同给另一家公司，这就是传统的企业管理和组织形式。

互联网公司就不同了，企业要“管理”的要素资源远比自身拥有产权的要素资源更广泛，曹操出行需要“管理”平台内所有的网约车和司机，今日头条要“管理”平台内所有的内容创作者，这些本来不属于企业的员工和资产，也被企业“管理”起来了，只不过管理的形式不再是向企业内部管理一样的

精确控制，而是一种基于系统规则的自治管理，你会发现企业虽然管理的要素资源更多了，但企业却变得更轻了，企业没有那么多负债和要维护的物理资产。

但现实中，很多企业仍然无视这场由互联网引发的管理变革，还在自顾自地经营自己的“一亩三分地”，还在负债购入更多拥有固定产权的资产，还在研究熊彼特、德鲁克和稻盛和夫，结果企业因为向银行负债购入大量资产变得越来越臃肿和沉重，每年赚的钱还不够固定资产折旧和银行利息。

2020 年开始，数智经济从传统互联网升级到人与万物智能网联，企业“管理”的边界还会继续拓宽，并将进一步加剧这场商业向心力管理变革。未来，不仅企业所要“管理”的员工会显著突破原有的组织边界，很多机器设备也将不需要企业购买后进行精确管理，而是采用更加轻量化的管理方式，只对需要的设备付费使用就可以了。

总体上，在数智经济时代，企业的人才和组织要适应“商业向心力生态规则”，建立满足**“强中心、共生化、无边界、自驱动”**特征的组织体系，从自有资源的精确管理向商业向心力的管理变革过渡，让**企业从重资产的商业模式向轻资产的商业模式转型**。

1. 强中心

强中心，就是基于互联网连接的需要设计组织，使组织更轻量化、技术驱动和可迭代。不臃肿、极简设计，更便于与外部资源进行沟通和协同，便于对接入者赋能，而越复杂、多层级的组织体系，越庞杂、沉重的资源体量，与外部连接时就越困难重重。

互联网的价值创造遵从梅特卡夫定律[①]，即网络的价值与连网用户数的

① 梅特卡夫定律是一种网络技术发展规律，以计算机网络先驱罗伯特·梅特卡夫的名字命名，指的是“一个网络的价值等于该网络内的节点数的平方，而且该网络的价值与联网的用户数的平方成正比。”

平方成正比，梅特卡夫定律同样适用于衡量网络里的各个中心化节点的价值，每一个中心化节点的价值，都与它连接的其他节点数量成正比，越是强中心的节点，其网络价值就越大。

网络是不均匀的，有的节点连接的用户多，有的节点连接的用户少，有的节点连接的用户更高频、活跃，有的节点连接的用户更低频、沉默，就像有人是大V，有人是小V，虽然都是连接其他用户的中心化节点，但价值分布极不均匀。

因此，在数智经济时代，企业要聚焦主航道，**通过IP化运营打造"强中心"**，不该抓在手里的资源统统放手，成为网络空间中连接更广泛、使用更高频和用户更活跃的轻量化节点，才能拥有更好的沟通便利性和更大的网络价值。企业是基于中心化节点的生态贡献从整体智慧商业生态中按比例分润，而不是像以前一样，是独立创造价值的封闭核算单元，因为数智经济是由生态系统创造价值，而非各中心化节点独立创造价值，若没有网络，企业什么价值都创造不了，未来一台智能机器能够创造多少价值，不再是这台机器本身决定的，而是整体数智网络协同生产带来的结果。

在数智经济时代，组织体系的建立不只是内部管理的需要，更是基于便利对外连接的需要，在网络空间中打造"强中心"的组织体系有诸多好处：

一是强中心可以制造更大的"商业涟漪"，整合更广泛的商业要素资源。就如同向平静的湖面投石一样，越是"强中心"的网络节点，其能够激起的商业涟漪越大，能够触达的网络空间也越广，能够整合的全网商业要素资源也越多。

二是强中心具有更大的"不可替代性"，就像网络空间中里的"黄金地段"。传统商业中，黄金地段具有时间和空间上的流量稳定性，一般情况下不易被替代；数智经济中，IP和连接是虚拟的，流量跟随热度走，弱中心IP

建立的有序连接太脆弱，很容易熵寂，而强中心 IP 建立的有序连接有更大的可持续性。

三是强中心组织更有效率及服务优势，算法也导致流量向强中心倾斜。互联网算法就是在网络空间中找到“最优解”，然后把资源和流量向“最优解”倾斜，从而提高系统效率；你写科技领域的文章好，用户喜欢看，算法就会把流量和资源倾向于你，你什么都想写，杂而不精，用户不喜欢，算法就会屏蔽你。

四是强中心有利于系统自治，降低智慧商业生态的运维成本。大自然的生物分布是中心化的，有的地方寸草不生，有的地方物种繁多，强中心有利于基于系统自治规则进行生态扩张，弱中心的生态具有很大脆弱性，运维起来十分困难。

在智慧商业生态中，**组织的存在就是为了给总体商业生态做“熵减”，**所以数智经济的组织体系要遵从“强中心”的极简法则，让组织像“黑洞”一样，采用轻量化的架构，但却能够有力整合外部资源，组织不是基于管理自身而存在，而是为更好地管理联网的外部资源进行设计，要不断与外部交换物质和能量。

2. 共生化

传统商业组织讲究“五脏俱全”，因为要自成一体，是一个封闭的管理系统，不“五脏俱全”就没有办法正常运转；数智经济讲究“共生化”生存，心、肝、脾、胃、肾，各种资源全部都可以在网络中即插即用，直接接入用就好了，**企业只需要做好自己的本职，其他的交给整体商业生态来完成。**

数智经济时代，企业组织的建设原则就是能共生化的就绝不自建，要从整体商业生态中去匹配资源，尤其忌讳企业横向延长产业链建立组织体系，搞产业链通吃必死无疑。

假如你的核心业务不是云计算业务，那么能用公有云的情况下，就绝对不要向上自建私有云；对于云计算厂商也是如此，不需要自建组织介入的具体应用场景，就绝对不要向下涉足，不要做产业链通吃的事情，涉足的产业链越长，离共生化越远。

传统商业做大做强，绝大多数都是选择产业链通吃的模式，一方面向上控制上游，另一方面向下兼并下游，搞一条龙服务，这种模式非常适合机械运转的传统商业世界。

但互联网智慧商业世界，搞产业链通吃就意味着上游对下游无法赋能，意味着自身组织和外部组织无法进行物质和能量的交换，企业把战线拉得太长之后，有限的资源也无法支撑产业链整体的迭代升级，商业效率很快就会被竞争者赶超。

数智经济遵从的是生态法则，生物世界里没有任何一种生物可以同时占据一条"食物链"的所有生态位，企业只能选择一个"生态位"，吃肉的、吃草的或者微生物分解的，产业链通吃就相当于做"自己吃自己的"生态闭环，自己吃自己是不可能强身健体的。

3. 无边界

数智经济遍布着各种开放的无边界组织，它们把"管理"的触手向网络空间无限延伸，实现从管理自身有限资源向管理市场无限资源的跨越。

传统经济中，因为受到时间和空间的严格限制，企业面对的是往往是一个局域市场，一家店铺就只覆盖十几里范围的市场，在新疆的店铺就在新疆销售，不可能把商品卖到四川。

但在数智经济中，大家面对的是一个“共同市场”，整个市场对所有的商业体一视同仁，无论你是来自新疆还是四川，都可以把商品卖到全国，全国的市场有多大，店铺的潜力就有多大，没有时空设置的边界。

市场不设限，组织无边界，这就是数智经济里的组织原则，企业通过“强中心”管理无边界组织，打通传统企业组织的那堵“无形的墙”，把外部资源变成你的资源，让外部的人才为你所用，一百个人的强中心组织，可以管理数万人的无边界组织，这是生态系统的管理优势。

字节跳动员工四万人，但却管理着数百万的创作者；阿里巴巴员工数十万人，但却管理着上千万商家；华为与知名高校合作建立实验室，让数以万计的科学家为华为工作，但他们并不都是华为公司的员工。

4. 自驱动

机械系统里的零部件都需要齿轮和引擎驱动，但**生态系统里充斥着自驱动的个体**。

传统经济中的组织管理，奉行自上而下的管理原则，下级要听上级指挥，建立分工明确的职级关系，整个公司组织是一个齿轮咬合、按部就班的管理系统；数智经济则不同，接入平台的个体需要自驱动，需要发挥自己的能动性，按照生态系统的逻辑来进行有目的的行动。

阿里巴巴不会管理网店怎样增加业绩，Airbnb 也不会给民宿定下营业额业绩指标，曹操出行不会指挥平台司机加班或休息，今日头条也左右不了自媒体人什么时候写作……数智经济中遍布高度自治的个体，他们不会像传统商业一样等待被动安排，而是呈现出“自驱动”的特征。

对总体智慧商业生态没有贡献的个体，或者重复的机器、不能创造性工作的个体，终会被生态系统自然淘汰或被人工智能替代。这与大自然中的生存之道如出一辙，要么努力生长推动生物系统的新陈代谢，要么走向死亡化为其他生物生长的土壤养分。

在工作岗位上等待被动安排的人，以及通过行业垄断坐收渔利的企业，在数智经济中将没有立锥之地，因为商业生态不需要这样的角色，也不眷顾这样的角色。互联网智慧商业的“幸运法则”——被商业向心力眷顾的人，永远是那些自驱动的自治个体，一切等待被动安排的人，都可能会沦为未来智慧商业世界的无家可归者。

第九章
融入流体世界：让自身产生流体向心力，成为“涡”的中心

商业无非两件事，一是生产，二是流通。

从汉代“开关梁，弛山泽之禁”，到现代“建物流，通全球之域”，人类数千年的商业史中，一直都在探索如何让市场中的不同主体更快捷地互通有无。但在所有可供选择的商业流通选项里，互联网是迄今最快的商业流通介质，它把人类的商业流通直接带入了“秒时代”，实现了千年未有的商业效率升级。

在数智经济之前，互联网几乎没有生产属性，它对商业的最大贡献就是让各种要素资源更快速地流动起来，打造了一个流体社会，包括资金的流动、商品的流动、人才的流动、信息的流动，都比以往快上好几个数量级，遥想十几年前，银行在还没有接受互联网改造之前，资金转账能隔天到账就已经是极大的奢望了，像现在的实时到账简直不敢想象。

凯文·凯利对人类未来生活的一个重要预测就是“流动（Flow）”。他认为车辆、土地等一成不变的东西都将变得流动起来，人们未来所有的生意都可以归结为“数据的流动”“商业乃数据之商业”。

2020年开始，互联网之于商业的这种"快速流动"效应还将覆盖更广泛的要素资源，**数智经济将让工厂、设备、建筑、土地等要素资源也快速流动起来**，物理世界里原本安土重迁的万事万物，将会变成数智网络中一个个快速流动的"精灵"，它们会更迅捷、更主动地探寻最优的资源重新排列组合，不过，要素资源的过快流动也会带来企业管理方面的难题，企业需要一次管理变革以重新适配流体的商业世界。

1. 流体社会与失控的世界

凡是流体的东西，都没有形状，也没有棱角，大多数时间里都处于自由流动的状态，想要把流体像固体一样，按照一定的规则摞起来，基本上是做不到的，流体本身的性质决定了它是不受控的。

因此，互联网引发的这场管理变革，其核心就是"**怎样适应和管理一个不受控的流体商业世界**"。

传统银行里，储户想要把资金转出来，就需要花时间到银行柜台办理，还要经历繁复的流程，如果是大额提现还需要预约，所以传统银行是一种可以精确控制的商业系统；新兴的互联网银行里，用户想要把资金转出，只需要在手机上简单操作资金立即就能转出，银行想要留住资金，就必须提供有竞争力的利息率和服务，否则就可能被搬空。

在互联网商业中，因为在网络空间里可快速流动的原因，不仅资金的流动不受控，其他包括人才、商品、信息等各种要素资源也都不受控。

比如各种商品，传统线下销售，一件商品想要更换销售渠道，就得进行长距离运输，这样很明显得不偿失，但通过互联网售卖商品，在淘宝卖没有流量，就可以放到拼多多或者京东卖，商品想怎么流动就怎么流动，完全不受渠道控制，所以，淘宝想要留住卖家，就得提供有竞争力的服务和销售转化。

2020 年开始，数智经济里的工厂、设备和建筑等要素资源快速流动起来后，也将不受控，谁能提供有竞争力的报价和订单，这些资源就会跟着谁赚钱。我们看看现在的网约车，曹操出行如果不能提供竞争力的分成和订单量，网约车就会跑到美团出行、首汽约车等平台，没有任何人可以控制这种流动。

互联网就是要打造一个“失控”的流体商业世界，要素资源被精确管理的时代已经彻底结束了，你越想抓住什么就越会失去什么，要素资源长出手和脚，并拥有了智慧的“大脑”，会快速流动起来创造价值，麋鹿总是寻找水草丰茂的地方，不会永远居于一隅。

2. “涡流”思维与商业向心力

凯文·凯利说，我们的日常生活和基础设施，还有很多有待液化，进一步的流动将是必然，我们的制造环境中，大部分固化而且固定的器械将会转变成缥缈的力量。

随着 2020 年人类开始步入数智经济，凯文·凯利的上述预言也终将变成事实，机器也会被液化，也会在网络空间里四窜流动，去寻找更好的去处，创造更大的生态价值。

所以，从今天开始，企业管理者需要思考如何驾驭一个被高度液化的商业世界，思考如何让接入数智网络的各种资源和智能终端为你创造价值，而不是流到别处，为别人创造价值。

如果要素资源都流向别处，那么企业将从现在每年创造亿万利润变成一无所获，这绝非危言耸听。曾几何时，银行的存款被互联网金融搬家，出租车公司的乘客被网约车抢走，线下商铺里的顾客跑去天猫、京东网购、报纸用户被今日头条、微信公众号撬走了。未来，制造工厂里各种机器设备的订单，也想被别人掠夺一空吗？

那么，企业要怎样适应和管理一个"失控"的流体商业世界呢？

近代力学的奠基人之一、德国力学家普朗特的学生屈西曼说：**"涡旋是流体运动的肌腱。"**

陆士嘉是著名的流体力学家，曾是北京航空航天大学的教授，她曾指出："流体的本质就是涡，因为流体经不住搓，一搓就搓出了涡。"

物理常识告诉我们，流体世界的典型特征就是"涡"，就像空气流动会产生龙卷风，水流动会产生水旋涡一样，在流动的互联网商业世界里，我们能做到的最美妙的精确控制，就是让自己产生流体向心力，成为"涡"的中心。

《商业向心力》书中给出了在互联网流体商业世界里，企业制造"向心力旋涡"的三个维度，分别是从"技术核心层、价值创造层和环境友好层"打造商业向心力，在《2020数智经济商业向心力趋势报告》中，我们也给出了数智经济时代企业在三个层面打造商业向心力的一些具体指引，它们分别是：

① **技术核心层（高维技术）**：企业自身在智慧商业领域的核心技术迭代能力，是否掌握"高维技术"，该技术对其他企业是否具有中长期"非对称优势"；

② **价值创造层（生态价值）**：企业在智慧商业领域的产业整合、全链服务及全生态价值创造与创新能力，在智慧服务的场景化能力方面是否具有"不可替代性"；

③ **环境友好层（磁场能力）**：企业在智慧商业领域的磁场能力，是否能够获得政府、用户、战略合作伙伴及媒体舆论等方面的资源支持和向心力，本指标采用"价值观一票否决制"。

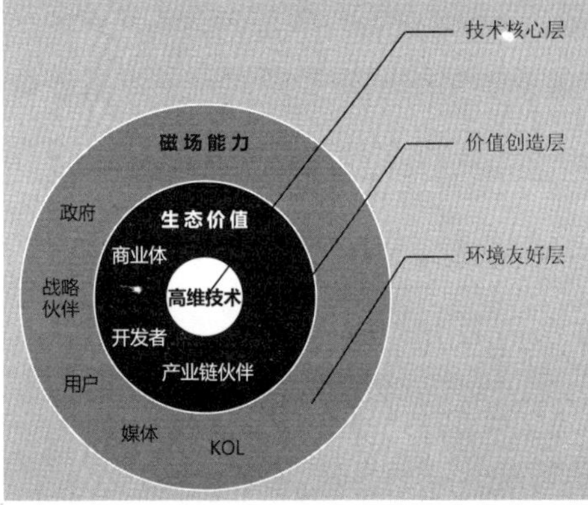

商业向心力三大指标体系

技术核心层：主要考察企业自身在智慧商业领域的核心技术迭代能力，是否掌握“高维技术”，该技术对其他企业是否具有中长期“非对称优势”；

价值创造层：主要考察企业在智慧商业领域的产业整合、全链服务及全生态价值创造与创新能力，在智慧服务的场景化能力方面是否具有“不可替代性”；

环境友好层：主要考察企业在智慧商业领域的磁场能力，是否能够获得政府、用户、战略合作伙伴及媒体舆论等方面的资源支持和向心力，本指标采用“价值观一票否决制”。

第三篇

新趋势：数字联姻创设“镜像生产力”新风口

2014—2019年的数字经济发展阶段，围绕着移动互联网、大数据、云计算、区块链等技术的创新，互联网和传统商业开始融合，商业流通的断点得以弥合，人们的时间获得解放，市场的效率被显著提速，产生了为数众多的新业态、新物种，以及一批崭新的财富阶层。

2020年，“5G+AI+物联网”让互联网智慧商业驶入数智经济阶段，又将会衍生出怎样的“风口”机会？

商业向心力实验室认为，在数智经济阶段，互联网与传统商业将开启一场触及灵魂的深度融合之旅，传统经济将与数字经济建立起高耦合的“联姻”关系，镜像生产力将用于指导生产，人们的脑力将得到开发，商业全链将被智慧化打通，将催生更多新的商业物种、开放智能体，数智阶层将走上新经济的舞台中央。

“数智经济”带来的八大新风口机会是哪些？数智化企业的赚钱逻辑会发生怎样惊人的变化？传统经济的“微笑曲线”为何会变成数智经济的“瘦脸曲线”？普通人是否有机会赢取数智经济时代的生产资料？本篇内容将会为大家揭开这些问题的谜底。

第一章
开启平行世界：打造物理世界的生产力镜像

数智经济的第一个（同时也是最大的）风口，是互联网平行世界里的“镜像生产力”，**对“镜像生产力”的争夺，将诱发一场激烈的商业主权争夺战。**

在20世纪上半叶量子力学确立后，科学家就坚定了“多元宇宙”理论，认为在我们生活的世界之外还有平行世界。美国物理学家、“多世界理论之父”休·埃弗雷特认为，微观量子的每一次测量，都会将宇宙分裂成两个版本，在一个宇宙中，薛定谔的猫活着，而在另一个宇宙中，薛定谔的猫死了，这两个宇宙会完全相互独立并平行地演变下去。此后，还有另外一种流传甚广的观点认为，宇宙大爆炸发生时，还生成了一个相对我们宇宙的“镜像宇宙”，但两个宇宙完全独立，没有重合或交集。

不管怎样，这些关于“平行世界”的观点始终只是一种“科学假说”，因为平行宇宙除了是我们宇宙的镜像之外，跟我们的宇宙没有任何关系，人们看不见、摸不着，更无法验证。

而我们要讲的互联网“平行世界”，则是更现实的，人们能够亲身感知的，它跟多元宇宙理论没有关系，只跟“5G+AI+物联网”带来的数智经济有关系，这个“平行世界”将成为人类第四次工业革命的核心操作台。

从2020年开始，“5G+AI+物联网”开启了数智经济时代，互联网虚拟世界会生成一个和我们物理商业世界一样的“平行世界”，它将是我们现实物理商业世界的翻版，并且是一个智慧化的“加强版”，我们把互联网里的这个加强平行世界称为“生产力镜像”，同时也把虚拟世界里与物理世界对称存在的工厂、设备等称为它们的“镜像生产力”。

1. 镜像生产力与商业主导权

在数智经济时代，物理性质的商业设施可以在虚拟的互联网世界建立一个“数字镜像”复制品，一方面这个“数字镜像”可以模拟物理世界的运行，可以将物理商业世界里发生的一切像录制视频一样完全映射在互联网上，另一方面它也可以智能操控物理世界的运行，就像人们通过自己的意识驱动身体一样，实现轻资产驾驭重资产。

也就是说，未来互联网将像是一面硕大的镜子，镜子外面是机械化运转的物理世界，镜子里面是智慧化运转的数字世界，里面的世界驱动着外面的世界智慧运行，外面的世界给里面的世界提供海量数据支持，彼此相互依存创造共生价值。当然，人们也把这种虚拟镜像与物理现实的关系，形象地称之为“数字孪生”。

据美国《航空周刊》预测，到2035年，当航空公司接收一架飞机的时候，将同时验收另外一套数字模型，每个飞机都伴随着一套高度详细的数字模型。届时，飞机的数字复制品将可以在计算机环境里模拟真实状态下的飞行，并把得到的相关数据用于真实飞行任务。

伴随着5G、AI、传感器、边缘计算等技术的快速落地，这一天可能会比《航空周刊》预想的时间来得更早。而除了飞机这样精密的机器设备以外，我们身边的汽车、家里的空调、工厂里的机械等所有物理设备，甚至土地、矿山、空气等物理性质的资源，也都会在数智网络里享有“数字镜像”。

现实世界中的各种机器设备，作为“生产力”都是没有自主思考和决策能力的，往往需要人们凭借经验来进行操作，这极大地限制了生产力水平的提升，未来它们在虚拟互联网里的“镜像生产力”就不同了，“镜像生产力”拥有一定的自主思考和系统决策能力，它们可以智能操控各种物理世界生产力的智慧化运行，从而带来生产力水平的一次跃升。

因此，“镜像生产力”将会成为新的商业主权，商业的激烈竞争将首先表现为“镜像生产力”的争夺。未来，**谁拥有工厂并不重要，重要的是谁掌握了工厂的镜像生产力和谁能够智能操控工厂里的设备**，那些不能自主掌控镜像生产力的工厂，可能就会沦为数智化商业世界里的“傀儡”。

工厂本身只是一副被本能驱使的躯壳，工厂的“镜像生产力”才是可以支配神经和大脑的灵魂，所以，未来企业要想在数智经济中商业主权不旁落，在经营好物理性质的各种机器设备的同时，也要能够运作好虚拟的“镜像生产力”。

同时，我对“镜像生产力”这场商业主权争夺战的观点，没有特别的倾向，既不认为应该属于物理资产的所有者（传统经济中的利益既得者），也不认为应该属于新兴的互联网巨头，而是**谁能够用得足够好，“镜像生产力”就应该属于谁，这也比较符合“科斯定律”的经济学认知**。

2. 计算机兵推与商业最优解

有人会问，既然虚拟世界和物理世界是“数字孪生”的关系，彼此谁也离不开谁，那么为何互联网虚拟的“镜像生产力”可以智能操控现实物理世界的生产力，而不是相反呢？

这可以从“计算机兵棋推演”谈起。中国的《孙子兵法》很早就提出“夫未战而庙算胜者，得算多也”的道理，也就是正式作战之前，要先进行军事推演，要打有胜利有把握的仗。现代战争，更是在真正开战之前，就会把参战各方的真实战场数据录入计算机系统，利用“计算机兵棋推演”等模拟作战程序，来推算不同作战方案的成功率，然后从中选择一套付出代价最小、作战成功率最高的方案，付诸真实的战争。

虚拟世界驱动物理世界的道理与计算机兵推类似，**原因就是“镜像生产力”拥有模拟试错的优势，可以帮助人们最快且几乎零成本地找到商业最优解**。和战争一样，人们在物理世界里的商业选择具有唯一性，同一时间就只能进行一次，没有办法反复试错，或者试错成本太高，但虚拟世界的商业选择却可以模拟试错千百次。

比如，一辆汽车从甲地驶往乙地，可能有100种出行方案，如果选择了A方案，就不能选择其他99种方案，为了找到最优的方案，车辆需要把100个方案全部跑一遍。即便如此，由于每次的路况不同，不同时间段的车流量不同，得到的结果也未必是最优的。

但人们在虚拟的数字世界里寻找商业最优解就大不一样了，计算机会综合每条道路的车流、路程、限速及实时事故等情况进行模拟试错，让车辆在道路的数字镜像里把100种方案快速跑完，在一秒钟内就可以找到最优出行方案，这样车辆按照计算机给的最优方案出行就可以了，而且中途还能根据车流状态实时调整新的出行方案。

这便是“镜像生产力”的优势，它可以实时地为现实商业找到“最优解”，从而提高物理世界生产力水平和效率，避免像过去一样仅凭经验组织商业生产，让人类直接迈入智慧化的商业生产阶段。

人类之所以会发明计算机，并在以后演化出互联网，主要也是因为物理世界发生的很多事情，人类自身解决起来非常困难，或根本就解决不了，所以要利用计算机、互联网来帮助人们找到“解决办法”。

比如，得益于二战时期英国人为了破解德军密码的需要，弗劳尔斯以艾伦·图灵的想法为基础，于 1944 年发明了“巨人计算机”；1946 年，应美国陆军要计算武器弹道的需要，美国发明了第一台电子数字计算机“ENIAC”，奠定了现代计算机技术发展的基础；1969 年，美国为了应对苏联核武器威胁，期望建设一个分散的指挥系统，因此建立了“阿帕网”。

人们发现，在物理世界中解决不了的问题，总能够在计算机和互联网中找到“最优的解决方案”。现在，人们在现实世界的生产力提升，已经遇到了极大的瓶颈，即便发明了更精密的机器设备，发明了更快的交通工具，人类的生产力水平也很难再有质的提升，因此随着 5G、人工智能、边缘计算、传感器等技术的成熟，人类进入数智经济的智慧商业新阶段，利用“镜像生产力”找到商业最优解来提升物理世界的生产力，将是大势所趋。

第二章
转向智能设备：从 App 开发到 SAP 操作系统软件开发

数智经济的第二个风口，是各种智能设备的软件应用开发。

我们每个人的智能手机上都安装了很多款 App，有了这些 App，我们就可以通过手指操作与手机进行智能交互了，未来很多机器设备的智能化，也需要这样可以智能交互的“App”，但它们的应用环境和目的都与手机 App 不同。

可以说，在手机等智能终端上开发 App 应用程序，其目的就是为了便于**“人机智能交互”**，但与此不同的是，未来很多机器设备应用程序的开发，将会追求无人化的操作环境和非直接的触控式人机交互，应用程序更多用于建立**“机器与机器之间的智能通信”**。

为了便于区分，我们把各种机器设备的应用程序开发称为“SAP（系统应用程序）”。因此，从数字经济的手机智能软件到数智经济时代的设备智能软件，开发的重点将会从“App 人机智能交互”向“SAP 机器智能通信”转变。

1. SAP 机器智能通信

上一个十年的互联网商业发展周期中，错过了 App 就错过了整个移动互联网，也是错过了产业互联网的上半场，我们今天看到的排在数字经济前列的公司，绝大多数都有月活上亿的 App 应用。因此，市场网络和数字经济两个阶段，得 App 者得天下，开发出月活过亿的 App 就等于站在了数字经济的风口上。

这一阶段的 App 开发，主要针对手机、平板、智能手表等移动终端的智能化，App 最大特点就是可以和人进行智能交互，因此 App 开发和应用环境对人工智能的需求并不大，主要是对 Mobile OS、大数据和云计算的需求。

进入到 2020 年的数智经济阶段，互联网深度触摸和智能操控物理世界，各种智能设备的系统应用软件（即 SAP）的开发和应用，将会成为继 App 之后的又一风口，企业和用户需要依托 SAP 建立起与机器之间的决策流，让机器智能化、在线化地做出自主决策并响应人类决策。

新一阶段的 SAP 开发，主要面向的是工厂机器、家庭电器和城市基础设施等设备的智能化，SAP 的最大特点是机器要能够理解人的指令，以及机器之间可以智能交互和通信，人并不直接对应设备的操作系统，只负责输出命令，让机器自主决策并智能执行，因此 SAP 开发和应用环境主要将是对 IoT OS、人工智能和边缘计算（云边协同）的需求。

总结起来就是，App 是让设备和人进行智能交互，让设备能够理解人，把人和设备的交互像人和人交互一样简单，**主要依靠 Mobile OS、大数据和云计算**；SAP 则是要最大化减少与人的交换，把人从作业流程中解放出来，人只负责决策，由机器自主决策响应人类指令，**主要依靠 IoT OS、人工智能和边缘计算（云边协同）**。

2. SAP 应用开发环境

App 的应用场景很简单，主要是人们把日常的工作生活搬到了手机等智能设备上，比如购物、看新闻、看视频、买电影票、订餐、支付、上班打卡等，主要都是围绕着人们的日常生活、办公、政务办事等进行的，除此之外，App 应用还有一些 To B 端的场景，针对企业移动办公等的开发。

但 SAP 的应用场景则会较为复杂，涉及**智慧城市、智能家居和智能工厂**等社会诸多方面，未来在智慧农业、智慧能源和智慧医疗等领域也有很大的潜在需求。

目前 SAP 开发的主要问题在于，如何解决 IoT 操作系统兼容的问题。在 App 时代，开源的 Android 和闭源的 iOS 双雄是 App 开发的主要操作系统，两者并不兼容，带来了很多企业重复开发的问题，如果在 SAP 时代，海量的机器智能通信也存在兼容问题，将会是万物智能网联的一场灾难。

国内很多企业也都在开发 IoT 操作系统，比如华为、腾讯、阿里、小米、旷视科技，主流趋势是做开源，这么多企业都做 IoT 操作系统，将给未来的设备兼容问题带来非常大的麻烦。2015 年，华为推出了一个轻量级的物联网操作系统 LiteOS，具备轻量级、低功耗 、互联互通、安全等优势，主要应用于智能家居、车联网、工业互联网等 IoT 领域的智能硬件，未来华为的 HarmonyOS 可能会逐步取代 LiteOS，并且还将兼容 Android；2019 年初，旷视也发布机器人战略，主推 AIoT 操作系统河图；2019 年下半年，腾讯宣布开源自主研发的轻量级物联网实时操作系统 TencentOS tiny，主要优势在资源占用、设备成本、功耗管理以及安全稳定等层面；2019 云栖大会期间，阿里推出新款 AIoT 操作系统 AliOS Things 3.0，采用微内核架构，支持跨硬件平台的快速移植，能够实现智能设备秒级故障定位。

有鉴于此，SAP 的开发将会是一场生态之战，**一方面将会比拼谁连接的设备更多**，因为连接的设备越多，兼容性问题就会越少，起码在兼容上拥有主动权；**另一方面则是比拼谁更易于兼容其他的 IoT 操作系统**（也包括兼容之前的 Android 和 iOS 设备，将 SAP 与 App 打通），也就是易于被其他设备兼容，只有充分兼容才能打通人与万物智能网联。

从兼容性考量，目前笔者最看好的是华为的“HarmonyOS”模式，考虑到未来智能手机可能是各种智能家居、智能工厂和智能城市的决策中枢，人们通过智能手机来向海量机器输出指令，而 HarmonyOS 未来与 liteOS 融合后，将可以实现机器设备和现有 Android 系统的充分兼容，再加上华为在 5G、全场景芯片等方面的优势，在 HarmonyOS 上进行 SAP 开发更有利于建立数智经济的网联生态。

第三章

续写商业反噬：社交账号成为新的“商业机器”

数智经济的第三个风口，是数字空间里各种新生产资料的争夺，这些生产资料与物理空间里的土地、机器等不同，是虚拟的、数字化和轻资产的，比如虚拟“社交账号”。

如果阿拉丁神灯的精灵要你从下面两个愿望中“二选一”：

一栋价值 100 万元的房子；

一个 100 万活跃粉丝的社交账号。

你会选择实现哪一个愿望呢？

按理说，这本不该成为一个很艰难的抉择，毕竟从纯财富的角度来讲，房子是实打实的资产，而社交账户只不过是一个虚拟账户，大家理所当然地会认为房子显然更值钱，所以会选择房子。

但事实真的如此吗？100 万元的房子，会比 100 万活跃粉丝的社交账户更值钱吗？

答案是否定的，从目前的数智经济发展实践来看，100 万粉丝的社交账户所能够创造的财富体量，可能远远高于一栋百万房产，它在资本市场上的估值就不止 100 万，更甭提它每天可以变现的社交流量价值了。

1. 社交账号是新的“资产”

人们熟知的资产，基本都属“重资产”，土地、房屋、金银、机器设备、矿产资源都是重要的资产。但作为一种典型的数字资产，网络空间社交账号的财富创造能力也不容小觑，一个直播大 V 可能比上市公司创造的利润还要高。

现实中，一个 100 万活跃粉丝的账号，甚至可以媲美城市黄金地段的店铺，每天都能创造出新的财富价值来，一些百万粉丝的网红账号写文章，发短视频，做直播，月均广告收益等就有数万元之多，这还不包括粉丝打赏、付费订阅、店铺导流等其他收益。可见，数字资产不仅是有价值的资产，也是高效的生产力。

2018 年，一个很偶然的机会，“发际线男孩”小吴被推成了“网红”，微博粉丝很快达到二十多万，他的人生因此被彻底改写。据其 2019 年接受媒体采访时自述，他不仅在一年内还清了此前欠下的 50 万元债务，此外还积攒下了同样多的个人积蓄。

很多人可能还接受不了社交账号是比房子贵重的“资产”的现实，但如果我们把人类的时间跨度放得足够长，就会发现人们对生产资料的认知一直都在改变，从最原始的人们把贝壳看作资产，到把青铜当作资产，甚至玻璃、丝绸也曾被当作资产囤积，可见，**人们对资产其实从来就没有过一个明确的定义**。

每当人们认为一件东西有“价值”，它就会被当作资产被人们竞相创造、囤积并追逐，在现在的数字经济环境下，社交媒体账号就很受资本市场的青睐，“吴晓波频道”的估值曾超过 20 亿元，李子柒在 youtube 的账号年收入超过 4 000 万元，但这些都还只是冰山一角，数以万计的社交媒体账号运营者成为社会的中产阶层。

2. 社交账号是新的“商业机器”

一般来说，价值 100 万元的“商铺”，能够覆盖的市场也就 3 ~ 5 公里范围，更大的一线城市商铺也不会超过 30 ~ 50 公里范围，如果能达到 100 公里简直就是极限了。

但拥有 100 万活跃粉丝的社交媒体账户，通过自传播和社交裂变向小电铺、淘宝、京东的商铺导流，却可以打破狭窄的地理限制，覆盖到 300 ~ 500 公里，乃至全国的市场。

所以，社交账户是堪比“商铺”“工厂”的新商业机器。

更为致命的是，社交账户正在通过流量覆盖方面的优势，向上逆袭商业链，对传统的商业业态进行反噬，实现对“消费、渠道、品牌和工厂”等要素资源的整合和接管。

往前追溯，最早的一批社交大号很多都开设了自己的淘宝店，经营自己的“淘品牌”，甚至有一些社交账号在把生意做大之后，还反向兼并了沿海地方的制造工厂，上演了“虚拟的互联网轻资产吞并实体的工业重资产”这惊人的一幕。

东南沿海的老板们辛苦经营了十几年的工厂，在几年内就轻松易主，卖给的竟然是只有百万粉丝的虚拟账户运营者，这是一场多么真实的“商业革命”。但更残酷的商业革命可能还在后面，现在只是“**轻资产吞噬重资产**”的一个序幕，未来的数智经济时代里，人们对这样的事情可能会司空见惯。

在一个数字经济规模已经占到 GDP 总量 1/3 的庞大经济体中，社交账号具备了商业机器的功能，是一个对经济社会极具颠覆性但又不得不接受的事实，只要我们还想继续跨入数智经济时代，就必须接受社交账号的商业价值，它们就是像传统经济中的商铺、工厂甚至是大公司一样的存在。

很多上市公司一年的经营利润，还不如一个千万粉丝的社交账号赚得多，这种事情最开始是“新闻”，但现在已经没有媒体再把它当作新闻看待了，社会已经接受了数字经济发展的现实，新经济就是需要有新的组织，新的模式以及新的赚钱逻辑。

3. 社交账号是新的“基础设施”

很多人提到“互联网基础设施”，就认为指的是云计算、大数据、人工智能等基础设施，人们总习惯把阿里巴巴、腾讯、百度等互联网巨头当作基础设施，其实，这也是一种对互联网基础设施的误读。

任何一家网络巨头，都不是孤立存在，都需要众多的“中继触点”来实现对互联网末端用户的服务和触摸。也就是说，互联网其实是通过“中继触点”发挥作用的网络，绝非只有云和端构成，大的互联网平台只是搭建了一个服务的场景，真正能够把场景和人联系起来并发挥作用的，其实是各种“超级 IP”。

几乎所有的互联网平台都无法直接触达用户，必须通过“中继触点”的服务能力和对接能力来对用户的需求做出响应，比如，今日头条作为媒体平台，它需要成千上万的“创作者”作为“中继触点”来服务用户，阿里巴巴平台也是如此，如果没有上千万的中小“店铺”作为“中继触点”提供服务，阿里巴巴平台也照样会土崩瓦解。

所以，网络中的各种“超级 IP”都是互联网基础设施，我们可以这样理解——是“平台 + 中继节点”共同构成了互联网基础设施，诸如李子柒、薇娅等内容类“超级 IP”，以及三只松鼠、韩都衣舍、七格格等淘品牌“超级 IP”，这些都是数字经济的中流砥柱。

同时，超级 IP 非常灵活，可以在各个平台之间“游走”，就算平台倒闭了，他们也不会倒闭，还可以换个平台继续生存，它们的生命力向小草一样，比平台这棵大树更强劲。

一些学者往往看不起网络 IP，看不上淘品牌，认为他们会很快“过气”。其实，**造成网红快速过气的原因，不过是互联网给社会按了加速键造成的“时间错觉”**，传统品牌在传统经济中也不都是百年老店，无论是新经济，还是旧经济，哪里会有永远屹立不倒的商业模式呢？随着数智经济的发展壮大，直至未来成为国民经济的主导，这些“中继节点”的价值终将超越传统的线下品牌、公司、工厂、渠道等要素，未来三只松鼠可能还在，沃尔玛可能消失了，李子柒可能还在，全聚德可能消失了，千万不要小看这些“超级 IP”作为未来数智经济基础设施的价值和向上进行商业链反噬的能力。

第四章
进阶数字中产：创新人才建设进行“数智”进化

数智经济的第四个风口，是“数智化人才”的争夺，**拥有数智化技术能力和商业思维的人才，将是企业最重要的核心资产。**

数字经济时代，年轻人不乏致富榜样，带货一姐“薇娅”、凡尘仙子“李子柒”、无用发明家“手工耿”等一众网红借助互联网大把捞钱，很多人看在眼里心慌慌：为什么赚大钱的不是我？

其实在所有群体暴富背后，都必然有一个“时代大逻辑”，2010—2019年的时代大逻辑就是掘金“数字经济”。按照名义GDP计算（即不考虑通胀），2018年数字经济增长率为15%，传统经济增长率是7%，数字经济增长率是传统经济的2倍多。因此，仅从增长率上来看，从事数字经济显然比传统经济更容易赚到钱。

再看赚钱的难易度，传统经济早就过了创业的红利期，进入存量“博傻”阶段，去这样的市场创业做“增量”徒增过剩产能，九死一生。相比之下，数字经济这些年一直是亟待挖掘的、没有藩篱的金矿，是非常大的潜力市场，相比于利益格局高度固化的传统经济，数字经济是一片亟待开发的绿洲，更容易掘到金。

最近的三四年里，传统经济正在被数字经济大规模改造，包括零售、物流、交易、制造、金融、汽车等几乎所有传统行业，都已经或正在被数字经济进行改造和收编。

未来，一旦“5G+AI+ 物联网”的数智经济发展起来，这样的趋势将会更加凸显，整个社会经济食物链的“顶端”就是数智经济，传统经济未来将会沦为数智经济的“打工者”，所以企业一定要把数智化人才作为最重要的核心资产来经营，个人也要向数智化人才方向修炼自身能力。

1. 商业新思维：告别“数字原始人”

数字经济相比于传统经济，意味着“更高的商业效率”；数智经济相比于数字经济，则意味着“更高的生产力”。企业如果跟不上数字经济、数智经济的脚步，就意味着在商业效率和生产力方面要落后挨打。

2014—2019 年间，很多老板之所以赚不到钱，并不是因为他们经营不够努力，也不是他们卖的产品不够优质，而是因为错过了“数字经济”的风口，没有学会利用“数字生产资料”和“数字生产工具”，这样的老板可以说是典型的“数字原始人”，与更高的商业效率完全脱节。

原始人以狩猎、采集为生，几乎不从事生产，也不冶炼工具，只凭着一股子蛮力“混社会”，因此“商业产出”的效率很低，如果他们穿越到现代社会，基本没有生存能力，他们既不会使用现代机器，也没有必需的职业技能，无法生存是他们与商业效率低下的必然结果。

在过去的五六年里，那些不会利用“数字生产资料”和“数字生产工具”的老板，就和“原始人”穿越到现代社会一样，已经与更高商业效率完全脱节了，这样的老板一旦进入到数智经济时代，将是天然的财富绝缘体，因为他们会再次与更高的社会生产力脱节。

相比之下，在过去的五六年里，那些学会利用数字生产资料和生产工具的人，反而一跃成为数字经济里的“老板”和“中产阶层”，大把大把赚钱，包括网红大 V、网络工程师、大数据专家、App 开发者、人工智能专家等，都一跃成为收入颇丰的“中产阶层”。

“网红 / 大 V”为什么可以赚钱呢？他们在网上建立自己的 IP，拥有很多“粉丝”，这些粉丝和 IP 就是属于他们的“生产资料”。可以这样类比，“网络红人拥有粉丝和 IP”就相当于封建社会“地主拥有很多土地”，也相当于现代社会“老板有黄金位置商铺、企业家有工厂机器”，网络 IP 就是他们的土地、铺面和工厂，网红们在其间辛苦耕耘、工作并收获，所以他们赚钱不足为奇。

2020 年开始的数智经济时代，“数字原始人”亟需改变自己，要学会用数智化生产资料和生产工具武装自己，各行各业要果断**向智能工厂、智能家居、智慧农业、自动驾驶、SAP 数字服务开发等数智化方向转型**，企业也要大胆启用有数智化技术能力和有数智化商业思维的人才，不要固守在一个传统的商业世界里转圈圈。

2. 成长新命题：制造“镜像生产力”

当你站在一面镜子前，里面就会有你的一个“镜像”，这个镜像是你的“光影副本”。

数智经济时代，互联网也是一面“镜子”，当你使用互联网时，网络里就会有你的一个“数字镜像”，光影镜像可能没有什么实际价值，但“数字镜像”却完全可以成为一种生产力，帮助你创造无尽的“数字财富”。

数智经济将可以把传统的生产资料“一分为二”地使用，一份是物理性的生产资料，另一份是数据型的生产资料，比方说，**一台机器既是“机器系**

统”，也是“数据系统”，企业可以通过数据分析和挖掘来促进机器效率提升，尽管生产资料绝对数量没变，但产出更高了，效率更高了。这意味着，数智经济将在传统生产力和生产关系的基础上，建立一种“镜像生产力”和“镜像生产关系”，用“镜像生产力”和“镜像生产关系”的低成本数字化试错，来寻找“最优解”，然后付诸实施，就像现代战争前期要“计算机推演”，然后再发动真枪实弹的战争。

通过建立“数字镜像”的方式来提升生产力，不仅对于机器如此，对于我们每一人来说，也同样适用。当你在网络中建立了自己的“数字镜像”之后，就算你在睡觉、在旅游、在游戏时，它也都可以在网络中默默地帮助你创造财富，这就相当于有“两个你”在帮你赚钱，一个是现实中的你，另一个是数字世界的你。

以自媒体大 V“李子柒”为例，当她在网络上建立了属于她个人的网络 IP，就相当于她在网络中打造了一个自己的“数字镜像”，当她还在现实中制作下一周的视频的时候，网上的“数字镜像”却在帮助她与用户互动，帮助李子柒赚取着海量的电商流量和广告费，这就是“镜像生产力”创造的财富奇迹！

在一个数智商业的世界里，建立自己的数字镜像，建立工厂的数字镜像，建立商业全链路的数字镜像，将是每个人和每家企业最基本的生存能力。

第五章

掘金瘦脸曲线：赚钱逻辑从“价值差”到“数字税”

数智经济的第五个风口是掘金“瘦脸曲线”的高利区，从过去赚取产品利润的“价值差”，转向赚取数智经济的“数字税”。

商业社会始终离不开“利润追逐”，传统经济的利润大都在50%以下，但数智经济中的利润率，将会击穿“50%的利润‘天花板’”。

过去，人们赚取商业利润的行为，大体上可以分为如下几个层次：

（1）赚取产品利润，在充分竞争的市场，一般利润从3%～20%不等，绝大多数企业可以达到这个利润水平；

（2）赚取品牌溢价的利润，经过品牌营销包装，利润可以达到20%～50%，但市场中只有少数企业有机会享受到品牌溢价的利润；

（3）赚取垄断性质利润，通过垄断定价等行为，利润能够超过50%，但这垄断已经是被法律禁止的行为，只有极少数企业愿意铤而走险；

（4）赚取完全非法的利润，可以做到“一本万利”，利润超过90%，比如庞氏骗局，这属于被严厉打击的犯罪行为。

那么，除了非法的利润，这个世界还有没有一本万利的生意？答案是“有”，在未来的万物智联社会，很多数智经济体都将攫取远超传统经济的超额利润。

1. 从“价值差”到“数字税”

传统经济中，人类社会的绝大多数生意，都有一条明显的利润曲线——也就是“**微笑曲线**”。在这条曲线上，各行各业都存在着一个 50% 的“利润‘天花板’”，换句话说，无论你是从事设计研发、生产制造还是品牌营销，利润区间基本恒定，不会超过 50%。

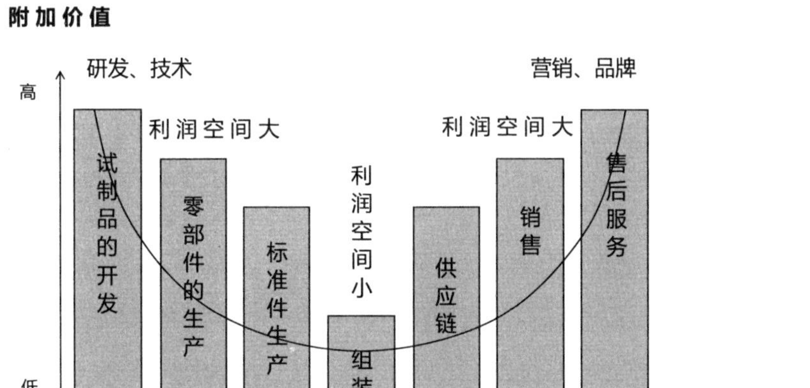

微笑曲线

原因很简单，**传统经济赚取的利润是“价值差”，所有环节的定价都以价值为“锚”，不能偏离商品价值，因为按照传统经济学的认知，商业的本质就是“价值的交换”**。那么，一旦我们的产品和服务的定价是“以价值为锚”的，就不可能赚取超额利润，除非是垄断定价。

苹果手机硬件的利润率可以说是非常高了，从设计研发、生产制造到品牌营销，但所有的环节的利润都是以手机的硬件价值为锚点展开的，所以 iPhone 产品的净利润再高，也很难突破 50% 的“天花板”，尤其是在市场充分竞争的情况下。

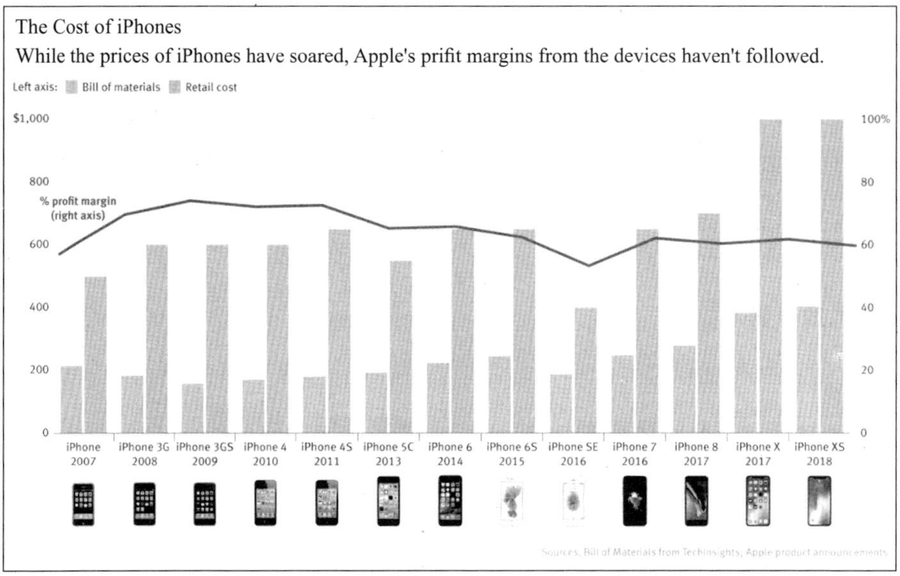

iPhone 毛利走势

新兴的互联网智慧商业就不同了，**无论是过去的数字经济，还是未来的数智经济，企业赚取的利润都是“数字税”，所有环节的定价都是“以数字服务为锚”，有多少数字服务的用户增值，就可以赚取多少利润，数字服务的主要成本是数据计算，所以它只有“服务增值”的定价锚点，没有“价值差”的定价锚点，彻底突破了传统上“价值交换”的经济学规律，**它意味着只要企业能通过数字服务衍生更多用户增量价值，就可以按照增加的用户价值进行定价。

还是以苹果公司为例。苹果公司利润率最高的业务，不是手机硬件，而是 App Store，App Store 的利润率有多高呢？媒体分析的毛利率在 90% ~ 95% 之间，麦格理研究公司分析师估算，2021 财年 App Store 毛利率预计为 90%。

2017 年，App Store 去除开发者分成后的净营收是 122 亿美元，按照 90% 的毛利计算接近 110 亿美元，高于四大国产智能手机厂商手机硬件的利润之和（华为、小米、OPPO、Vivo 在 2017 年利润合计 110 亿美元）。

可见，苹果硬件产品赚取的是“价值差”，赚钱的逻辑是以产品价值为锚，产品的成本是一块钱，可以卖到两块钱，卖再高就偏离了价值；而苹果 App Store 赚取的是“数字税”，赚钱的逻辑是以数字服务为锚，数字服务只是数据处理的成本，企业定价不是按照数据处理的成本加价，而是按照服务本身带来的增值进行收费。

2. 从“微笑曲线”到“瘦脸曲线”

从“价值差”到“数字税”，意味着原有的赚钱逻辑将被彻底颠覆，50% 的利润“天花板”也会被轻松击穿，人们可以在数字服务中攫取高达 70%、80% 乃至 90% 的超额利润。

《数字中产》系列视频中指出，互联网数字经济以及数智经济的发展，使得“微笑曲线”继续向两边延伸进入“高利区”，从而形成一条两端更为陡峭的微笑曲线——也就是“瘦脸曲线（也称鸣皓新经济曲线）”。

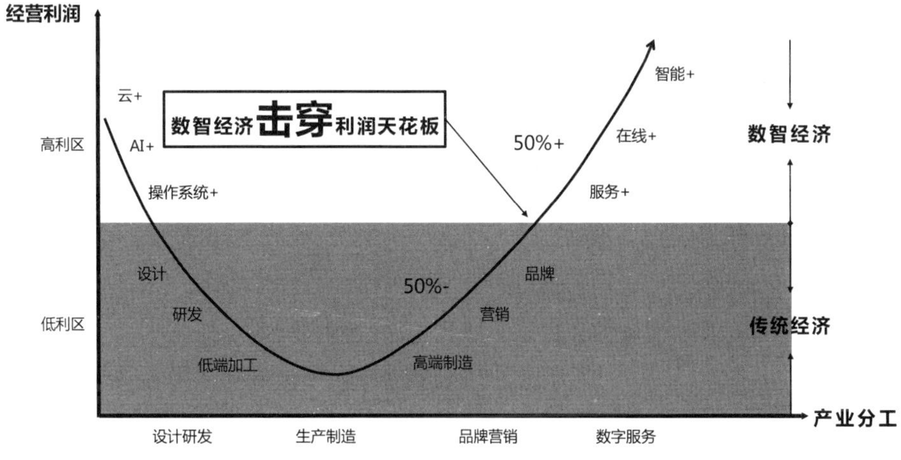

鸣皓新经济曲线：微笑曲线两端穿透利润天花板继续上扬，形成“瘦脸曲线”

“瘦脸曲线”是一条描述数智经济（数字经济）产业附加值变化的“新经济曲线”。在“瘦脸曲线”的两端，分别是构成数智经济（数字经济）的两大领域：即前端的“数字基础设施”和后端的“数字应用服务”，数字基础设施端主要包括云 +、AI+ 和 OS（操作系统）+，数字应用服务端主要包括智能 +、在线 + 和服务 +。

处于“瘦脸曲线”两端的数智经济领域公司，可以获得比传统从事“研发、营销”类公司更高的附加值，从而在全球产业分工中更具有优势，并可以获得更多的分润，处在微笑曲线两端延长线上的数智化企业，将有机会赚取超过 50% 以上的高额利润。

数智经济是一种“虚拟经济”，除了算力成本之外，其他成本几乎可以忽略不计，所以，企业很小的算力成本付出，就可以带来十倍、百倍甚至千倍、万倍的效率升级和价值增值，企业因此可以享受到较高的利润。

数智经济的超高“附加值”，主要来源于“定价锚点”从价值差转向了数字税，就和人类一样，**大脑只需要“几碗米饭”的能量补充，就可以产生源源不断的人脑算力，从而大大提升自身改造世界的效率，而这种效率可不是能用“几碗米饭”的价值来锚定的**。

正是这条“瘦脸曲线”，让我们看到数字经济（数智经济）有机会让人们追求更高的商业利润，这种利润水平甚至远高于传统经济 50% 的“天花板”，达到一本万利的商业新境界。2020 年，进入数智经济阶段，由人工智能提供的数字服务将会在各行各业快速普及，制造、医疗、金融、交通、能源等多行业将赚取超额“数字税”。

第六章
孵化增值服务："产品+"价值大于"产品"价值

数智经济的第六个风口，是挖掘"产品+"的价值。

传统经济中，企业主要依靠卖"产品"获取利润，也就是一次性卖出产品硬件赚钱。但在数智经济中，**硬件产品会被"智化"**，并可能被植入操作系统和各种应用软件，届时主要通过"产品+（数字服务）"获取利润，也就是按照软件服务的使用情况持续性"收费"。

以被"智化"的手机为例，三星、OPPO等卖智能手机硬件产品，是一次性收益，但腾讯、阿里的手机App是持续性收益，它们数字服务赚的钱远远超过卖手机硬件赚的钱。因此在数智经济时代，对于一款智能设备来讲，"产品+"的价值其实远超纯产品的价值。

5G时代，各种设备将像手机一样被"智化"，类似智能手机的这种"产品+"价值，会扩散到其他更多物理设备上，比如家庭用的音箱、电视、空调、冰箱、汽车，医院用的诊疗设备、检测仪器，农业用的拖拉机、收割机，也都会出现"产品+"价值大于"产品"价值的现象。

因此，在数智经济时代，**制造企业更多需要基于硬件产品去孵化收费的**

“产品 +”服务，逐渐探索“硬件产品免费，数字服务收费”的新型商业模式，未来像汽车等产品很可能不是买卖的，而是由厂家免费提供给社区、城市，然后按照用户的使用情况收费。

1. 末端经济崛起：从“GDP”到“GUP”

人类对商业的认知千年未变——从产品的生产、买卖到消费，一个看似非常完整的链条。

通常的情况是，在产品卖出后，企业便不再去管谁在消费，也不管产品给购买者贡献了多少价值，同时对产品贡献的价值不享有任何的收益权，商业在交易达成的那一刻就结束了，整个商业行为其实只在完整商业链条的“前端”发生。比如，传统经济中，你买一台电视，就是电视的生产、买卖和消费的链条，买一辆汽车，同样也是汽车生产、买卖和消费的链条，在买卖发生的那一刻，所有的商业行为即告结束，企业不会管消费者用汽车收益了什么。

但从 2020 年的数智经济开始，万物智联时代到来，**人们将需要建立一种全新的商业链条——从产品智化、用户签约到付费使用的商业链条**。在这个链条中，企业的商业行为会突破“前端”，转而在“末端”发生，只有用户实实在在使用了，才会和企业的发生交易行为——也就是付费。

现代经济学家是“前端经济学”的坚实拥趸，他们往往用人们生产了多少产品和劳务，也就是 GDP，来衡量整体链条所创造的社会价值，而不去考虑这些 GDP 究竟为最终用户贡献了多少价值，他们只考虑“前端”的价值创造，不考虑“末端”的用户获得。

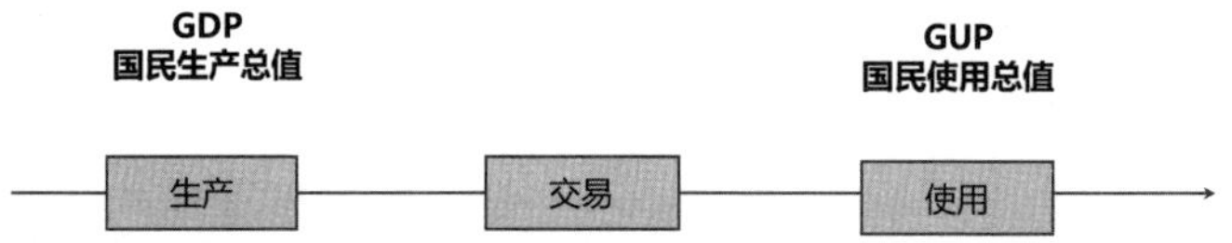

全新的商业链条

然而，**数智经济的问题就在于，它带来的更多是“产品 +”的末端用户使用价值，而非前端产品生产的价值。**更直白一点地讲，数智经济创造的价值其实主要是发生在用户侧的价值，一个极端的情况是，**数智经济可能没有创造一分钱的 GDP，但却给用户带来了实实在在的价值获得，比如微信提供的免费语音电话服务，这项服务是“反 GDP”的，因为它减少了要计入 GDP 的电信运营商收入，但老百姓的幸福感和获得感增加了。**

所以，商业向心力实验室认为，**未来人们衡量“数智经济”贡献的指标，不应该是传统的 GDP（国民生产总值），而应该是 GUP（国民使用总值**[①]），要将衡量数智经济价值的因素从商业链“前端”往“后端”迁移，去探究经济发展究竟给国民带来了多少价值增量。

其实，传统经济中也同样存在这个问题，当产品生产过剩，形成过剩产能，GDP 看似增加了，但却没有形成有效的国民福利，反而造成了资源浪费，导致 GDP 虽然增加了，人们却可能受了苦；但如果用 GUP 来衡量经济发展就不一样了，用户每年获得了多少的价值增值，国家就有多少的 GUP 增长，可见 GUP 是更人性化，对国民福利更友好的经济指标。

商业向心力实践版《末端爆发》书中指出：“消费不是终点，购买不是结束，这一切都是商业在末端爆发的开始。传统商业最大的问题在于，商业在最有价值的商业末端戛然而止了。”在此，我进一步认为，数智经济将是一个属于 GUP 的时代，属于国民获得感的时代。

① GUP：GUP 是“Gross Used Product（国民使用总值）”的缩写，它是我对数智经济时代国民经济统计指标的一种畅想。过去，国民生产总值指标的重大缺陷之一就是“无法反应人们的生活质量”，因此在“十三五”时期，中国提出的新发展理念已摒弃了“唯 GDP 论英雄”，而未来的数智经济时代，有必要探索建立新的 GUP 指标体系，来衡量数智经济发展给国民带来的获得感。其基本指标要素包括：1、按国内生产的最终产品每年被使用的有效次数统计使用价值，比如共享单车生产完以后投入市场是变成了垃圾堆的废铁，还是被用户每天反复骑乘，前者不计入使用总值，后者计入使用总值；2、按国内产生的最终服务被正向评价的次数统计使用价值，比如老人雇用保姆按照评价机制计入国民使用总值，有问题的服务不计入使用总值，正向评价的服务计入国民使用总值。

2. 在线消费流行：从“买卖交易”到“付费使用”

进入数智经济时代，当商业开始在“末端”发生，我们将因此看到两个泾渭分明的商业时代：

（1）5G 之前是商业的“产品时代”。这个阶段就是纯粹的“产品买卖”商业模式，双方交易的是产品本身，一旦交易达成，商业链条即告结束，买的人将成为“消费者”，在交易的那一刻消费者是“所买即所得”。

（2）5G 之后是商业的“产品 +”时代。这个阶段逐渐向“产品 +”数字服务的“付费使用”商业模式过渡，双方交易的不再是纯产品，而是数字增值服务，一旦交易达成，商业链条即将开始，付费的人将成为用户，在交易的那一刻用户是“所买非所得”。

从产品时代到“产品 +”时代

以上图为例，在数智经济中，商业将主要考量“产品＋”的价值，当你要买 AI 音箱、智能电视、自动驾驶汽车时，你不是一次性买断该商品，而是每月向厂商支付一定的“使用费”，厂商才会提供诸如音频、影视剧和自动驾驶等的在线服务，若你不提供使用费而只购买硬件，将无法获得其他数字增值服务，人们的消费将会呈现显著的“在线化”和“产品 +”特点。

也就是说，未来 5G 时代，万物感知、万物智能和万物智联，将让一切的产品走向“智化”，让产品和云、AI 和操作系统建立起数字联系（瘦脸曲线的左侧），同时，产品定价之锚将从产品价值本身转向产品背后的数字化、在线化和智能化服务（瘦脸曲线的右侧），这将会彻底改变人们对商业闭环的传统认知，颠覆传统经济以产品价值为锚的赚钱逻辑。

同时，5G 万物智联时代到来，人们的消费将会呈现全时在线的特点，商业从过去单纯地“买卖产品”，转型到未来的“付费使用‘产品 +’”，新兴商业赚取的将不再是产品利润、品牌溢价的“价值差”，而是在产品智化及提供数字增值服务的“数字税”。

第七章
享受超级利润：从“基本利润区”到“超级利润区”

数智经济的第七个风口，是为各种智能终端和智慧生态输出“使用场景”的风口。

例如，人工智能企业为智能医疗设备提供能筛查癌症的 AI、AR 技术公司为航空公司提供远程可视化操作界面等，企业都将对这些具体的数智化场景进行收费，病人用了 AI 诊断病情，就需要为 AI 提供诊疗费，航空公司要使用 AR 操作系统，就需要支付 AR 系统的使用费。

其实，在数字经济阶段就已经出现了这样的趋势，只要使用应用开发者提供的数字化场景，人们就需要为使用场景“付费”。智能手机作为目前输出付费“使用场景”最多的智能设备，截止到 2019 年，工信部统计的我国手机 App 数量已经达到 449 万个，如此多的 App 背后，正是智能手机各种付费“使用场景”的爆发。

“5G+AI+ 物联网”的数智经济普及后，随着智能家居、智慧医疗、智慧城市等一系列智能设备陆续出现，基于智能设备开发的付费使用场景也将会出现新一轮爆炸式增长，而且对场景收费也是“数字税”的一种，所以这些付费场景带来的利润空间也相当可观，总体的利润规模将远超纯硬件的利润。

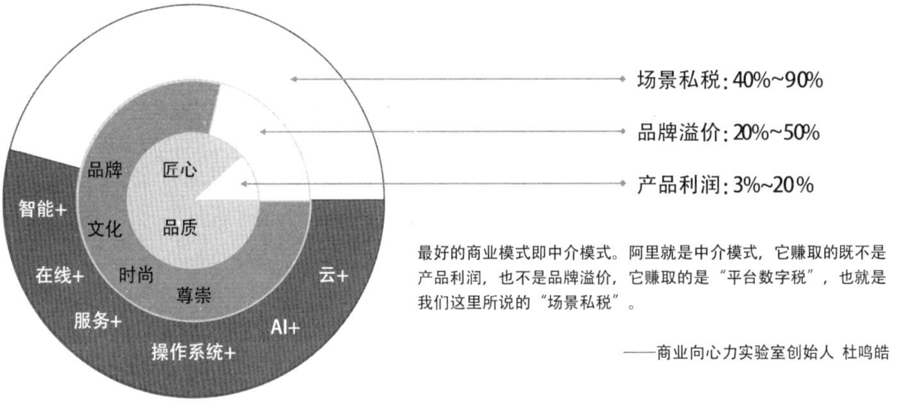

数智经济时代的企业商业利润分布

我们看上面这张图，在传统经济中，企业能获得的利润主要是销售产品的利润，其利润率很低，大概从 3% 到 20% 不等，主要看产品的质量和匠心。当产品销售出去后，在产品的“使用场景”环节，企业却是赚不到钱的，比如当汽车销售出去后，消费者使用汽车的环节，厂商是赚不到钱的。

如果企业想要赚更多的钱，就只能赚取“品牌溢价”的钱，把产品品牌做好，就像海尔、格力等一样做成世界知名品牌，企业可以赚到 20% ～ 50% 不等的高利润，这时候企业想把利润再提高的话，产品就变成“奢侈品”了，因此，50% 的利润率基本上是传统经济的“天花板”。

根据“瘦脸曲线”，因为产品和品牌的利润是以产品价值为锚，其利润规模也就是有限的，就是一个窄口的、狭小的扇形面积（如上图），我们称它为企业的“基本利润区”。

但用户对使用场景付费，一方面企业将可以享受到更高的利润，其利润率可以达到 50% 到 90%，另一方面，由于使用场景是以用户价值为锚，其规模远远超过产品的价值，所以它是一个敞口的、更大的扇形面积（如上图），我们它称为企业的“超级利润区”。

按照一般的经济学常识，当利润率越高的时候，往往意味着市场规模越小，所以总体利润就不会很多，比如，豪车的利润率很高，但豪车的市场占比却非常小，因此很多豪车品牌的总体盈利能力并不强，盈利规模甚至还不到一些大众车企的零头。

但是，当企业从产品和品牌的“基本利润区”向数字化使用场景的“超级利润区”拓展时，我们发现它打破了这个经济学常识。未来，享受超级利润的数智经济规模和体量将会数倍于传统经济，人们花 79 元买一部 AI 音箱，可能会花上千元付费使用各种数字音频服务；人们花 1 500 元购买一台互联网电视，可能会花两三千元付费观看各种影视剧、公开课和各种付费新闻。

所以，和数智经济庞大的体量和超高的利润率相比，传统商业里赚再多的利润也都是小钱，真正的大钱还是数智经济中的“数字税”“场景税”。**未来数智经济的庞大体量，是建立在众多的数字场景之上的**，一台电视可以衍生出数以万计的付费使用场景，一部手机可以载入成百上千的 App 付费使用场景，这些付费场景的集合聚少成多、积沙成塔，会远超传统经济的利润规模。

以一个苹果的剖面图做比较的话，数智经济相当于苹果是果肉部分，传统经济则相当于果核部分，果核部分的果肉再怎么多，也不会比果核外面的果肉多，果核外面才是真正的“超级利润区”，果核里面只是鸡肋的“基本利润区”。

第八章
决战优势锁定：重新定义“用户成本”的概念

数智经济的第八个风口，是企业在“时间、体验、感知、接入”等综合维度上，提高服务的便利性和满意度，从而优势锁定更多的用户。

相比传统商业比拼单纯的“价格”成本优势，数智经济比拼的是时间成本、舒适体验、专业迭代和智能接入等方面的优势，具有这样优势的企业，可以比具有单纯成本优势的企业更好地锁定用户，这就是数智经济的“优势锁定”效应。

数智经济是“时间的战场”“效率的战场”“体验的战场”，不再只是“价格的战场”，谁能为商业各环节有效节省时间成本、提升产出效率和带来智能接入的体验，谁就能锁定智能用户，享受到数智经济的红利。

1. “时间屠夫”的优势锁定

在认识数智经济商业物种的“优势锁定”之前，我们首先要重新理解“商业成本”。

传统经济中，商业主要考虑前端供给侧生产的成本，很少考虑末端用户侧付出的成本。其实，用户侧付出的成本，要远远超过产品价格本身，用户除了要付出金钱，往往还要付出时间精力。

智慧商业时代，需要纳入考量的用户需要付出的成本通常包含四部分：

一是购买产品或使用服务的成本，也就是真正体现了产品或服务价值的部分，这通常是我们显而易见的，比如一部智能手机的商业价值是 2 000 元，那么我们就需要至少花费 2 000 元来购买它；

二是交易的成本（主要是时间成本），这通常是隐性的，包括购买产品或服务时付出的额外时间成本、金钱成本和机会成本。比如在不同的消费场景下购买手机时付出的时间成本（不同消费场景下决策所需的时间、完成消费所需的时间、是否需要物流及物流效率等）、金钱成本（额外的广告成本、中间商差价，可能让这部手机的购买成本上升数百元）等都会显著不同；

三是产品体验、服务保障等方面的附加成本，比如智能手机产品赋能带来的个人效率提高使得时间和金钱俭省，这些通常也是隐性的成本，传统经济中消费者往往不把这些成本纳入总体的“商业成本”考量之内；

四是奖励成本，新兴商业体是“用户思维”的商业体，购买往往只是服务的开始（而不是像传统商业体一样购买就意味着结束）。也就是它们的服务往往都具有长期性，这些商业体具有着在专业方面迭代升级的特点，产品的每一次升级、性能的每一次提升都意味着用户获得了额外的体验奖励，这也是一种非常隐晦的成本。

“产品（或服务）成本、交易成本、体验成本和奖励成本”这四者中有一个非常重要的商业成本理念，那就是三者中蕴含的“时间成本”因素，这是互联网智慧商业的一大竞争核心。传统经济学的商业模型中，所谓的成本概念都是狭义的“金钱成本”，即我为购买产品或服务付出了多少钱，但数智经济时代用户更关心自己花了多少时间。

所以，在数智经济时代，衡量“商业成本”的因素已经发生了显著的位移，从过去单纯的金钱成本因素升级为“金钱成本 + 时间成本 + 舒适度成本（体验成本指标）+ 奖励成本”四位一体的成本，这意味着基于价格主导传统商业的逻辑将成为历史。

过去，商业竞争的最佳手段就是“价格”，市场中充当“价格屠夫”角色的商业体往往主导一切。但现在，**“价格屠夫”的优势地位已经被显著削弱甚至无足轻重，它的市场地位已经让位给了“时间屠夫”**，也就是谁更便捷、谁能替我节省时间我就用谁的产品或服务。互联网让数据跑路的特点，大大俭省了时间，天生就是“时间屠夫”。所以我们看到，相比出租车公司，网络约车就是“时间屠夫”，它显著降低了人们打车的时间成本，相比传统，支付宝、微信支付就是“时间屠夫”，它显著降低了人们交易的时间成本，人们结算、存款更便捷，未来的数智经济中，这样的事情将会在更多的智能场景中发生。

2. “零商业电阻”的竞争升维

数智经济“优势锁定”的本质在于，商业末端被浪费或额外付出的包括金钱、时间、体验等和用户息息相关的成本都正在沿着一条下降曲线而无限趋近于零（决定这一曲线的纵轴是商业末端，也就是用户端被浪费的额外成本，横轴是现实商业的智慧化程度，智慧化程度越高，用户需要额外付出的成本越低，直至消失）。也就是，未来的数智经济中商业末端将会极少甚至没有交易成本的浪费，对于所有商业体而言，这将是一次前无古人的“竞争升维”。

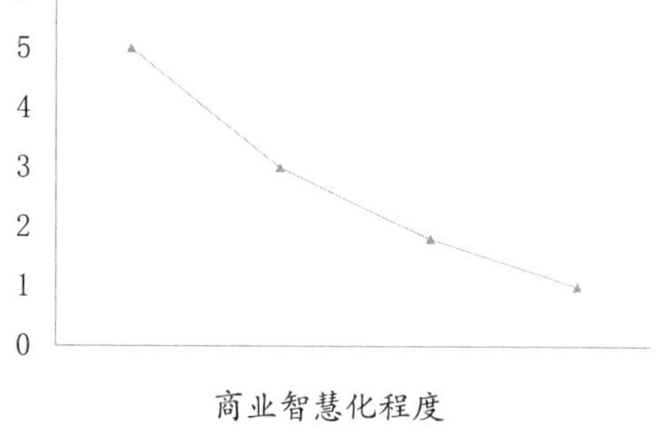

举一个简单的例子，传统商业中，出租车行业的供给和需求是严重错位的，这造成了出行供需环节被浪费的各种交易成本非常之高（如出租车空载、乘客长时间打不到车）。但以网络约车为代表的智

慧化商业体中，出行供给和需求得到了精准对接甚至无缝匹配，这带来的结果是供需环境被浪费的交易成本越来越低（包括金钱、时间和舒适度等成本），被浪费的成本正在无限接近于零。如果把这种成本浪费现象打一个形象的比方，就如同两个电源之间，原来是用“电阻”衔接，现在是用“铜线”衔接，未来可能会引用“超导材料”衔接实现零电损。

传统商业中，商业体通过价格、品牌和渠道的组合来锁定消费者，但数智经济是通过数据和连接建构，从价格、时间到体验方面的整体优势来锁定用户。

前者的锁定具有很大的随机性和不确定性，因为传统商业体无法预测人们的消费行为以及未来需求；而后者的锁定则具有很强的精准性（基于大数据的精准预测和云计算的精确匹配）和确定性（基于新兴商业的个性化、智能化生产），借由数据产业和广泛连接的作用，新兴商业体仿若掌握了火眼金睛和预知未来的能力。

传统商业是以“品牌”为中心的用户锁定，数智经济则是以“技术”为中心的用户锁定。所以，现在市场中的很多传统品牌已经不灵了，大批量的传统品牌正在经历或即将经历一波“品牌大灭绝”，新兴的人们从未听过名字的技术物种抢占了市场上原本被品牌占据的阵地。

“优势锁定”现象已经深入到我们生活的方方面面，并带来了商业场景的诸多革命性变化：当我们被支付宝、微信支付“优势锁定”之后，我们开始加速进入“无现金社会”；当我们被猫眼电影优势锁定之后，我们开始拒绝花费额外的时间去排队抢票；当我们被网络约车的优势锁定之后，我们就再也离不开让出行更高效的商业应用了。

数智经济时代的“优势锁定”将是一件更幸福的事情，因为“5G+AI+物联网”将让被智化的场景变得更多，被智化的程度也更高，它带给我们的是全方位的生活便利和智慧生活体验。

第四篇

新巨头：数智经济TOP公司引领新商业文明

数智经济是一场新商业文明的竞赛，“智慧等级”替代“体量规模”，成为这场竞赛的入围条件，如果企业不向着智慧商业体进化，不主动接入人与万物智能网联的数智世界，企业连入场角逐的资格都没有，只能成为看客。

由于“智慧等级”的原因，传统巨头会表现得力不从心，互联网领域的新巨头将快速崛起，它们将通过“轻资产驾驭重资产”的全新商业逻辑，掀起一轮涉及数百行业的产业变革和扩张运动，它们的触手会从虚拟空间伸向广袤的物理世界，人类目之所及的传统商业领域，莫不是数智经济新巨头们的驰骋之地。

2020 年是新商业文明的起点，一场触及利益藩篱和商业灵魂的文明迭代就此展开，尽管商业文明迭代的过程不可能一蹴而就，但新巨头们引领的全新商业文明驶向的终点很明确，必然会沿着高度智慧化和全面网联化的方向，最先抵达终点的人会恍然发现，“5G+AI+ 物联网”改变的根本就不是虚拟的互联网，而是整个现实物理世界及其所有看似固若金汤的传统商业安排。

数智经济时代，商业文明为何会不断驶向“高阶”？智慧等级为何会成为商业竞争力的核心指标？谁会成为拥有更高智慧等级的商业新巨头？数智经济竞赛将会带来怎样的新商业图谱？本篇内容将试图为大家揭开问题的答案。

第一章
成为高阶文明：向互联网世界发出“宇宙广播”

2017 年的中国乌镇围棋峰会，世界围棋冠军柯洁 0 ： 3 完败于围棋 AI AlphaGo 的第三盘中局，绝望的柯洁起身离席，在现场的宣传板后激动洒泪，他心情难以平复，一度无法完成比赛——人类在更高级的智慧面前脆弱得像一个婴儿。

当更高等级的智慧从围棋进入商界，传统企业家崩溃的时刻，会远吗？

在一个遵从机械控制论的世界里，不存在文明等级上的明显差异，太阳、地球、汽车、螺丝钉是平等的，都是没有智慧的无生命物质；但在一个因循生物涌现论的世界里，却遍布着智慧层次上的显著差别，人、猴子、虫子、草履虫的智慧层级很是分明。

在“5G+AI+ 物联网”的数智经济阶段，商业世界里的一个最大变化，就是各商业主体之间将出现智慧等级的差异，这种差异带来的竞争优势是“碾压式”的，新零售碾压传统零售，自动驾驶汽车超越传统汽车，智能工厂替代传统工厂，后者是远比前者更高阶的商业文明。

未来的数智经济里，文明等级的差别现象会非常普遍，就如同科幻巨著

《三体》所描述的一样，有归零者文明、歌者文明、三体文明还有地球文明，高阶商业文明将有机会统御低阶商业文明。这也意味着，数智经济时代的“新巨头”，将不再是传统体量庞大的巨无霸公司，而是智慧等级更高的轻资产公司，即便是传统巨头，如果不对自身进行数智化改造，也将不会在数智经济 TOP 公司图谱中占有一席之地。

2020 年，“5G+AI+ 物联网”开启的数智经济，将是人类商业史上亘古未有的一个“分水岭”，智慧等级将取代体量规模成为竞争力核心，企业将直面一个关乎命运的关键抉择：要么接入数智化世界，持续向高阶商业文明迭代；要么固守传统模式，被智慧商业世界边缘化甚至淘汰。

1. 让腾讯警觉的“宇宙广播”

2016 年，围棋 AI 惊醒梦中人，中国互联网智慧商业世界的转折点就此到来。

彼时，围棋 AI 将一众围棋冠军斩落马下，给中国互联网行业带来极大的震动，站在现在的视角来看，其震动程度不亚于刘慈欣科幻小说《三体》中红岸基地收到来自三体人的无线电信号，人们终于感受到来自更高智慧等级商业文明的威胁，互联网大佬们敏锐地意识到：高等智慧要来了，对称竞争时代结束了，商业竞争很快会升维到非对称竞争。

人们可以把 2016 年看作是互联网圈的“觉醒之年”，此后“成为高阶文明”就变成了中国顶级互联网玩家的一致共识。此前还沉浸在移动互联网圈地阶段的中国顶级互联网玩家们，终于意识到自己不过是未来智慧商业世界里的“虫子”，再不跟进云计算、人工智能、量子计算机等的技术脚步，未来或许不再有优渥的生存空间。

以下就是在互联网智慧商业觉醒之年真实发生的，一个远比科幻电影更加惊心动魄的商业故事：

2016 年 3 月，互联网世界发出了一份震惊所有人的“宇宙广播”——AlphaGo 击败围棋世界冠军李世石。这意味着**互联网世界已经进化出了真正的“智慧生物”**，远超人类智能的 AI 统治互联网开始进入倒计时。

一家接收到信号的国内互联网公司高层，第一时间感受到了更高智慧等级商业文明的威胁：或许，人工智能正以接近光速 1% 的速度，从四光年外的宇宙黑域，驶向属于自己的互联网母星，危机纪元开始了。

彼时，AlphaGo 把一众围棋冠军斩落马下的“骚操作”，很快传遍了互联网的每一个角落。但随后人们却惊讶地发现，这不过是谷歌的“高维技术”在围棋领域的一次简单的“低维展开”，更大的威胁紧随其后——下一代的 Alpha Zero，已经进化出零基础自我迭代的能力，智慧水平远超 AlphaGo，这意味着高等级文明将比预想中更快抵达互联网母星。

这让早就对互联网的变化安之若素的网星人们如临大敌，他们大声疾呼，“我们习以为常的宇宙空间，已经进化出了足以毁灭互联网母星的更高等级文明”。

很快，上述互联网公司的“总办”就史无前例地召集了一次“技术汇报会”，他们意识到了一个全新的智能时代正在到来，甚至**这家公司的高级执行副总裁 T 先生，一度在网上自学了一套 AI 课程**。T 先生后来成为该公司云与智慧产业事业群总裁，全面负责云计算、AI、5G、边缘计算、IoT、量子计算等领域的战略布局和业务拓展。

在总办临时拉的微信群里，公司的两位决策人 T 先生和 L 先生，非常迅速地达成了一致：**“是时候把科学家放到战场上来了。”**此后，聘用科学家的“面壁计划”很快付诸实施，从计算机视觉专家到语音识别专家、深度学习专家，从机器人科学家到计算机安全科学家，从生命科学家、芯片科学家到量子科学家，数十位科学家进入到公司的决策视野，HR 也开始频繁在全球顶级学术会议上广觅良才。

陆续地，大量的科研人员涌入了这家公司，并以一年上百个顶尖博士的速度递增，一些博士生还在读，就已经有人建立联系，等一毕业就直接入职。跟工程师一样，科学家也挂着工牌在公司的几栋大楼里穿梭，原本公司白板上只有产品排期，现在写满了各种公式。

这家在中国乃至世界互联网行业素来以资本扩张和用户连接著称的巨头公司，**史上第一次有了成为“高阶文明”的危机感和紧迫感**，团队深知他们面对的是一场建立在“智慧等级”基础上的新商业竞赛，**没有大批科学家的深度参与会很快输掉这场竞赛**。2 年后，该公司开启了一场面向未来十年的史无前例的架构调整，几乎把所有跟“智慧”相关的板块统统打包到了一个新的事业群，交给“面壁人”T 先生。

……

没错，这家公司正是在中文互联网世界首屈一指的腾讯公司，在接收到谷歌 AlphaGo 的宇宙广播之后，腾讯的领导者们很快就将竞争的视线突破了自己的“母星”，面向了更广阔的宇宙限域，他们想要在更高等级文明抵达前，找到活下来的机会。

2. 阿里发起“黑暗森林”攻势

在 2016 年谷歌发出“宇宙广播”前，人们一度都在追求“体量规模”，追求用优质的产品撬动用户，追求用资本扩张撬动市场，用技术专利撬动利润。

彼时的传统经济的企业家们，董明珠、王健林、宗庆后等，没人心悦诚服地高看互联网一眼。在企业家们眼中，互联网对商业的杠杆无非是梅特卡夫定律的“网络效应”本身，根本不足以动摇或驾驭实体经济。

但随后两三年的时间内，人们终于发现互联网已经把商业的杠杆变成了“智慧等级”，拥有云计算优势的阿里巴巴撬动了半个零售圈，全国一半以上的上市公司纷纷接入阿里云智能……

自 2016 年开始，**阿里巴巴在“五新”战略下发起多轮次的“黑暗森林”攻势**，零售、金融、制造、能源、技术等众多行业领域无一幸免，传统经济只有招架之功，阿里巴巴携大数据、云计算等智慧商业优势，将触手伸向了中国一半以上的上市公司和 80% 以上的中国科技企业。

其间，在阿里、腾讯等带动下，各种市场资源均开始向智慧金融、智慧零售、智慧交通、智慧物流、智慧港口、智慧城市、智慧农业、智慧能源等智慧商业集中，人们才相信“新巨头”正是那些拥有更高智慧等级的互联网商业体。

那边，腾讯被谷歌唤醒开启智慧商业战略布局；这边，阿里巴巴携云计算优势发起智慧商业闪击战。而智慧商业舞台的大幕背后，还有更具野心的华为潜伏着、等待着 5G 发出枪响，伺机把智慧商业的战场延伸到更广阔的物理世界，只要有人的地方、有机器的地方，就会是智慧商业的战场。

2020 年以前的“数字经济”，大数据、云计算带来的仅仅是智慧商业的一次小小的萌芽，2020 年以后的“数智经济”，“5G+AI+ 物联网”将开启新一轮物理世界商业智慧等级的进化，**哪怕是路边的煎饼摊儿和路灯杆儿，厂房里的机器和叉车，也都会有明显的智慧等级差别。**

第二章

适应加速时代："代际技术差"推动商业文明进步和扩张

智慧可以显著加速商业文明的进程。牛顿、爱因斯坦等人的科学成果，把人类智慧提升到一个更高的等级，让人类社会近百年创造的商业文明，远超此前数千年商业文明的总和。

2020年数智经济大幕拉开，智慧从计算机、手机等智能机器延伸到更广泛的机器设备领域，现实商业世界表现出明显的"智慧等级"差异，"商业赋能"将会无处不在，企业想要生存，就需要接受来自上一级智慧商业体提供的包括算力、AI等商业赋能。同时，这种赋能相比数字经济会更加强烈，由于量子计算机、光子计算机等取得的技术突破和应用，AI的能力水平将出现几何级飙升，数智经济将可以催生出更高阶的，我们从未见过也无法想象的智慧商业体，届时智慧商业将推动人类商业文明进一步"加速"，因加速产生的"代际技术差"会成为一种商业新常态。

日本记者感慨，"深圳一周，相当于硅谷一月。"近年来，由于云计算、大数据、人工智能、区块链、物联网等技术的大爆发，中国互联网智慧商业迅速从"匀速"转向"加速"，几乎所有的互联网巨头都开始向更高阶的智慧商业冲刺，加码大数据、云计算、AI、物联网等的研发，**一个追求"代际**

技术差”的时代悄然而至，就连传统商业巨头也都迫不及待地要融入智慧商业的赋能框架，比如，三江购物、永辉超市、新华都、居然之家、家乐福等零售巨头都成为更高阶智慧商业的赋能试验场。

在未来的数智经济生态中，“代际技术差”会导致多维商业文明共生共存，可能会容纳十种以上智慧等级的商业文明，围绕量子计算机、光子计算机、超级计算机、大型机，大数据、区块链、云计算、边缘计算，云智能、终端智能，物联网、智联网等进行的智慧商业组合，将衍生出众多处于不同智慧层级的商业物种，这将让智慧商业的竞争进一步脱离传统对称竞争的格局。

因此，商业向心力实验室认为，数智经济遵从的不再是传统的商业竞争理论，人们迫切需要跳出对称竞争的传统分析框架，研究不同智慧等级商业物种的共生共存之道，就如同《三体》中描述的地球文明、三体文明、歌者文明等多维文明如何共存的宽域宇宙竞争哲学，这里姑且称之为数智经济的“宇宙商业学”，它有两条基本公理：

生存是第一要义，数智经济中的商业文明会不断进步驶向高阶；

代际技术差加剧文明扩张，数智经济中的技术迭代会导致商业链爆炸。

为了更生动地理解“商业文明会不断进步驶向高阶”和“技术迭代会导致商业链爆炸”两条公理时，我们一起来听下面这则故事：

很早之前，地球上出现了一种低维生命——一种叫作“Q”的虫子。

最初，这个低维生命是由**几个程序员和产品经理**一手创造的，这种虫子的功能简单，就是负责给其他生物传递一些“信息素”，它的活动范围也很小，人们并不把它当成威胁。

后来，一些**软件工程师和 App 开发者**把“虫子”简单地改造了一下基因，但结果让人吃惊，虫子一跃变成“飞蛾”，这下“信息素”传递得更快、更广、更丰富了，“飞蛾”的活动范围从地面向上扩大，直至覆盖了整个天空。

再后来，又来了一批**数据专家和数学家**，他们再次改造了“飞蛾”的基因，这次让飞蛾拥有了像神仙一样的“智慧”，“飞蛾”变成了“嫦娥”，“嫦娥”还是个学霸，大数据、云计算、人工智能、区块链、物联网等学科的知识她都信手拈来。

没过多久，嫦娥长得漂亮又是个学霸的故事，很快就在地球上传开了，各行各业的科学家闻讯慕名而来，他们中有生命科学家、机器人专家、量子科学家……嫦娥跟这些科学家很投缘，生下很多个“宝宝”，但是这些宝宝很奇怪，不像是普通的人类宝宝，他们长得就像一个个八爪鱼，每只脚还都长出了无数的神经突触，这些神经突触可以无限地生长，有的长进了轰鸣的工厂里，有的长进了忙碌的医院里，有的长进了政府的办公大厅，有的长进了马路上的汽车里，更有甚至长到了高速公路的沥青路面里和路灯杆上……现在呀，嫦娥的宝宝们的触角已经无处不在了，说不定呢，嫦娥的宝宝们就在偷听我讲故事呢，反正它早就不再是当初那个连山头都翻不过的“虫子”了，人们纷纷猜测，它的终极目标不是占领地球，而是整个宽域宇宙。

听了这个故事，你是否陷入这样的沉思：

一个小小的传递信息素的“虫子”，都可以不断进步直至拥有“神仙”一般的智慧——这正是数智经济“宇宙商业学”的基本公理，数智经济中的商业文明会不断进步驶向高阶。

同样是这只小小的传递信息素的“虫子”，从一个小小的山头向宽域宇宙扩张，把触角伸向了一座座工厂、一家家医院以及马路上的一辆辆汽车——这正是宽域宇宙的第二条公理，技术迭代会带来商业链爆炸。

刘慈欣的《三体》智慧，是我们认识互联网智慧商业的一面镜子，数智经济“宇宙商业学”就是《三体》“宇宙社会学”的翻版，它们都是多等级智慧文明世界里的生存法则，二者都在讲述一个拥有多维文明的宽域宇宙将会发生的故事。当然，我对《三体》的引喻，只是为了方便表达和理解。**总之，在一个集合多维智慧的商业生态中，商业文明的进步会持续加速。**

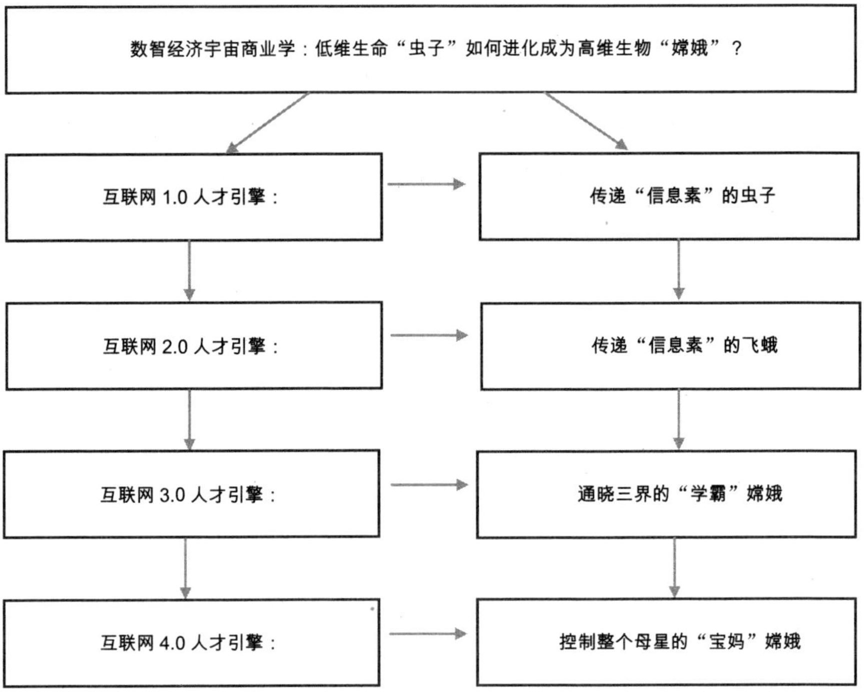

数智经济“宇宙商业学”：商业文明不断进步和扩张

第三章

圈定未来版图：中国数智经济商业向心力 TOP30 公司

数智经济里的“新巨头”，必将是“智慧等级”处于金字塔尖的科技互联网平台及相关智慧商业体。

在《2020 中国数智经济商业向心力趋势报告》中，商业向心力实验室综合数智经济发展特点和商业向心力管理变革趋势，以“**技术核心层、价值创造层、环境友好层**”三项指标，首次排名并公布了“中国数智经济商业向心力 TOP 排行榜”，华为、阿里、腾讯等 30 家数智经济领域的中国领先公司入榜，这 30 家入榜“商业向心力 TOP 排行榜”企业，包括以华为、阿里、腾讯等为代表的 8 家智慧商业底层操作系统平台，以美团、苏宁等为代表的 13 家智慧商业全链对接平台，以及海尔、海康威视等为代表聚焦智能软硬件服务及开发的 9 家开放智能体。

中国数智经济商业向心力 TOP30 排行榜

排名	公司	类别 / 层级	提供智慧服务	核心优势	数智经济图谱分布
1	华为	ICT 核心基础设施 /S 级	智慧商业的基座	5G 核心网及全栈全场景算力，软硬件研发	“智慧 +”商业操作系统
2	阿里巴巴	商业基础设施 2.0/S 级	全方位商业操作系统	一站式智慧商业服务系统，云智能、云办公平台	
3	腾讯	商业基础设施 2.0/S 级	全方位智慧生活助手	智慧化工具箱、连机器及生活助手	
4	百度	商业基础设施 2.0/S 级	人工智能开放平台	图片、语音、车联网等相关领域的人工智能 +	
5	蚂蚁金服	商业基础设施 2.0/ 一级	智慧金融平台	区块链金融及数字金融服务	
6	字节跳动	商业基础设施 2.0/ 一级	全域信息服务平台	智能化全域信息推荐平台	
7	京东	商业基础设施 2.0/ 一级	智慧商业平台	一站式智慧商业服务，云智能	
8	小米集团	商业基础设施 2.0/ 一级	智能开发平台	智能软硬件开发及移动互联网服务	
9	美团	商业基础设施 2.0/ 二级	本地生活服务平台	本地生活服务供需匹配	“智慧 +”商业全链对接
10	苏宁易购	商业基础设施 2.0/ 二级	O2O 社区购物平台	社区购物服务 /IoT	
11	陆金所	商业基础设施 2.0/ 二级	金融科技平台	资金供需匹配	
12	菜鸟网络	商业基础设施 2.0/ 二级	云物流平台	中国智能物流骨干网	
13	滴滴	商业基础设施 2.0/ 二级	本地交通服务平台	本地交通服务供需匹配	
14	58 集团	商业基础设施 2.0/ 二级	同城服务对接平台	同城供需匹配	
15	360	商业基础设施 2.0/ 二级	网络安全服务平台	大安全产业服务	
16	爱奇艺	商业基础设施 2.0/ 二级	流媒体服务平台	综合文娱	

续表

排名	公司	类别 / 层级	提供智慧服务	核心优势	数智经济图谱分布
17	携程	商业基础设施 2.0/ 二级	差旅服务平台	本地差旅服务供需匹配	“智慧 +”商业全链对接
18	满帮集团	商业基础设施 2.0/ 二级	社会化物流平台	社会化物流供需匹配	
19	欢聚时代	商业基础设施 2.0/ 二级	视频社交平台	视频社交热度推荐	
20	联影医疗	商业基础设施 2.0/ 二级	智慧医疗平台	智慧医疗服务	
21	脉脉	商业基础设施 2.0/ 二级	人才大数据平台	人才供需匹配	
22	海康威视	开放智能体	智慧城市厂商	监控设备、网络	智能软硬件开发及服务
23	海尔	开放智能体	IoT 厂商	智能家居	
24	鸿海精密	开放智能体	工业 4.0 平台	工业互联网	
25	台积电	开放智能体	基础算力厂商	基础算力设备	
26	网宿科技	开放智能体	云服务平台	云及大数据服务	
27	用友网络	开放智能体	云及工业互联网平台	工业互联网	
28	科大讯飞	开放智能体	AI 开放平台	语音识别及翻译	
29	浪潮	开放智能体	云服务平台	云及大数据服务	
30	联想	开放智能体	计算设备厂商	个人计算设备	

数智经济领域排行前八位的商业向心力 TOP 公司分别为华为、阿里巴巴、腾讯、百度、蚂蚁金服、字节跳动、京东、小米集团，它们将共同打造中国智慧商业的底层操作系统。

华为凭借 5G、算力和 IoT 等领域的技术优势成为整个数智经济的底座，自 2019 年始，华为不再像以往一样低调，而是，以“智慧 +”综合服务商角色被公众广泛认知，其在“5G 连接”和“全栈计算”方面的布局和家底，第一次全方位地向公众和媒体展露，人们看到了一个处于智慧商业底座上的智慧华为全景，华为也是商业向心力实验室认定的国内唯一一家通用的“智慧 +”综合服务商。

这份榜单主要考察企业在技术核心层、价值创造层和环境友好层的商业向心力指标，是否在数智经济中具有中长期优势。

其中，技术核心层主要考察企业自身在智慧商业领域的核心技术迭代能力，是否掌握“高维技术”，该技术对其他企业是否具有中长期“非对称优势”；价值创造层主要考察企业在智慧商业领域的产业整合、全链服务及全生态价值创造与创新能力，在智慧服务的场景化能力方面是否具有“不可替代性”；环境友好层主要考察企业在智慧商业领域的磁场能力，是否能够获得政府、用户、战略合作伙伴及媒体舆论等方面的资源支持和向心力，本指标采用“价值观一票否决制”。

《2020 中国数智经济商业向心力趋势报告》指出，2020 年开始，互联网商业将进入一个崭新的发展阶段——从“连接人”到“人与万物智能网联”，继电子商务、市场网络、数字经济之后，互联网将解决底层生产力（机器设备）数智化问题，构建一个由无数“数字生产力”和“看不见的脑”组成的万物智能网联世界，虚拟世界与物理世界将会“数字联姻”，让互联网商业能够深度触摸和智能操控物理世界，实现“轻资产驾驭重资产”的一次生产力跃迁。

回顾 2010—2019 的“市场网络 + 数字经济”阶段，互联网引发了一场剧烈的管理变革，基于控制论的精确管理逻辑被打破，主要表现为：今日头条等众多共生的“中心化平台组织”快速崛起，海尔、小米等矩阵协同的“量子化组织”集中涌现，李子柒、薇娅等自驱动个体成长为超级个体，拥有迭代内核的阿里巴巴、腾讯成长为超级巨头。

因此，当 2020 年互联网商业进入虚拟世界与物理世界数字联姻的第四发展阶段——数智经济阶段，还将产生更加深远的管理变革，商业向心力实验室认为，自 2020 年开始，车联网、智能家居、智能制造、智慧农业等各领域都将建立起数智化的“镜像生产力”，让物理世界的各种机械设备与虚拟世界的数智化操作系统建立一体化联系，云计算、AI、边缘计算等算力将依托“镜像生产力”进行数智化“推演”，从而寻找生产力的最优解。

《轻资产时代》还指出，数字经济和数智经济本质的区别在于，前者变革的是传统商业的服务链路，带来了商业运行效率的提升和人力资源的解放，而后者变革的是底层的生产力和生产关系，将带来生产力的跃升和大脑智慧的开发。

所以，2020 年开始，人类的商业社会也将正式进入“脑的世纪”，拥有更高智慧等级的商业形态将会成长为“新巨头”，本篇接下来的内容就将分别以华为、阿里巴巴、腾讯、百度、字节跳动等企业案例来透视数智经济的未来版图。

报告发布的同时，由商业向心力实验室策划，更新“数智经济”认知的第一本书——《轻资产时代》也于 2020 年 1 月出版，该书揭示了通往数智经济的 21 个财富密码，其中的一个重要观点就是数智经济将带来一个“轻资产驾驭重资产”的全新商业世界，代表更高智慧等级的“看不见的脑”将发挥决定性作用。

第四章

搭建耗散系统：华为熵减式生长向全世界“做功”

商业向心力实验室在综合考量了中国科技企业在“技术核心层、价值创造层、环境（用户）友好层”等核心指标之后，选出了五家符合“高阶商业文明”特征的生态企业，我们称之为中国的**“数智经济‘五虎将’”**，它们分别是华为公司、阿里巴巴、腾讯公司、字节跳动以及百度公司。

从本章内容开始，我将基于数智经济的“五项核心能力”，来简要解析五家数智经济生态企业——华为、阿里、腾讯、字节跳动和百度的数智化未来。（如下图**“数智经济‘能力金字塔’”**所示，**五项核心能力分别是网联能力、计算能力、智能能力、连接能力、数据能力和场景化能力**）

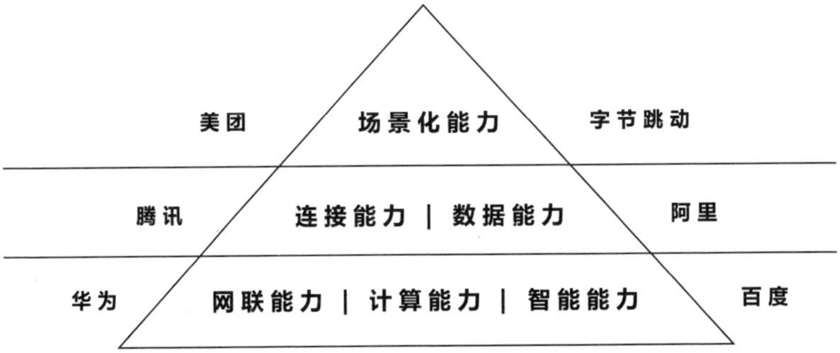

数智经济“能力金字塔”

综合来看：

- 华为核心优势是“网联能力、计算能力”；
- 腾讯核心优势是“连接能力”；
- 阿里核心优势是“数据能力”；
- 字节跳动核心优势在于“场景化能力”；
- 百度生态圈的优势是“智能能力”。

华为、阿里、腾讯、字节跳动在数智经济的场景化能力方面构建了强大的生态，可谓“既有技术，又有场景”，百度虽然处于能力金字塔的核心底层，但它的场景化能力尚弱，百度未来需要思考自己的“人工智能”如何真正场景化落地。

华为不是一家“盖高楼”的企业，而是“打地基”的企业，未来中国数智经济的大厦建得牢不牢固，就要看华为的技术过不过硬。华为是国内唯一一家真正具备万物智能网联能力的公司。网络方面，华为 5G 技术提供万物互联所需要的高带宽、大连接、低时延网络；算力方面，华为全栈芯片及云技术提供覆盖“云、管、边、端”的全栈计算能力；终端方面，华为的鸿蒙系统将领衔 IoT 产业及“1+8+N”的智能终端战略布局。

数智经济时代，“宽带连接能力 + 全栈计算能力 + 全链智能能力”构成了万物智能联网的黄金三角组合，三者可以说是环环相扣、缺一不可的关系，任何一个行业领域想要形成一套成熟的万物智能网联解决方案，并最终形成智慧化的商业场景，都必须基于这三种能力进行有机组合。

很多人认为华为不过就是一家 ICT 公司，并不清楚华为之于数智经济的意义，我们可以这样来形容华为的价值——在数智经济时代，华为生态圈企业就是中国智慧商业的底座，中国第四次工业革命的大厦将会建立在这个底座之上，未来如果说有哪家公司的技术、产品和服务是我们离不开的，那一定是华为，即便从全球范围来看，华为也是世界各国实现智能网联的“黄金搭档”。

从长远来看，华为生态圈企业对数智经济的价值将主要体现在三个层面：

一是作为智能网联生态轴心的价值。很多国家和大型企业都在积极与华为进行5G方面的合作，因为智能网联生态必须围绕着5G技术这个轴心展开，可能有人认为华为只是负责建设5G这条“高速公路”，并不具体运营这条“高速公路”，所以华为没有办法在别人的“高度公路”上建设生态。其实，如果是4G网络的确会存在这个问题，华为无法基于4G网络构建自己的生态，但5G的特殊性在于，5G和分布式计算不可分割（详见第一篇第六章的“智能自治网络”部分），海量数据信息不是直接汇聚到云端处理，而是需要在云、管、边端进行弹性的和分布式的协同处理，因此很多运营商可能并不具备独立运维这条“高速公路”的能力，尤其是在物联网边缘侧，必然会给华为建立智能网联生态的机会，而且出于处理巨量信息洪流的需要，车联网等特定行业的生态圈企业可能不得不与华为展开合作。

二是维持智能世界新陈代谢的价值。智慧商业是一个庞杂的生命系统，所以新陈代谢在任何时候都不能紊乱，否则智慧商业生态就会“生病”“崩溃”“出现功能性损失”。智慧商业世界的最大代谢物就是数据，因此，要想让商业生态的新陈代谢不紊乱，首先就是数据处理必须有序，华为的作用就是需要为数智经济疏解巨量数据洪流，以及帮助各行业突破算力瓶颈，从连接和算力两个方面持续做功帮助智慧商业生态持续熵减和维持有序，避免出现严重的网络拥堵及宕机事件。

三是智慧使能万物及千行百业的价值。万物怎样拥有智慧？千行百业如何被智慧使能？未来联网的设备越多，智慧商业生态就越趋于复杂，因此华为需要持续思考、迭代并输出智慧能力，与合作伙伴协同做好设备及生态的熵减工作，才能维持智慧商业的敏捷反应和稳定运行，但相比阿里和腾讯，华为一直比较缺乏智慧商业的场景化能力，这当然和华为“有所为，有所不为”的公司战略有关，华为不碰数据，也不碰应用，不越俎代庖做具体场景层面的智慧决策，但未来华为可能会不得不通过投资一些生态圈企业来涉足具体场景的智慧使能。

任正非致力于将华为打造成一个“耗散”结构的商业系统，通过自身及合作伙伴在 ICT 领域的“做功”，持续推动内外智能网联生态的“熵减”，这是非常契合“高阶文明”生存法则的管理创新，智慧商业里的“高阶文明”本质上就是拥有更高“熵减”能力的企业，就好比三体人、地球人和虫子对世界的熵减能力是有显著差异的一样，华为想做三体人，因此在全世界广纳科学家，提升自身的熵减能力，让华为走向“高阶文明”。

当然，我对华为未来能否坐稳数智经济的基座也存有担忧，因为华为一贯的优势是基于硬件构建生态，劣势是基于软件构件生态。在人们的印象中，华为赚得多是偏产品和技术的辛苦钱，几乎没有苹果 App Store 这样利用软件生态赚钱的基因，因此类似华为云生态、鸿蒙系统生态等软件生态，可能将是华为未来发展的最大变数。

第五章

开启生态扩张：阿里巴巴商业智能重塑世界经济

2020 年中国数智经济商业向心力 TOP 排行榜中，阿里巴巴及其生态圈企业是智慧商业场景化能力的集大成者，作为排行第二位的高阶商业文明，阿里巴巴的优势在于扩张性的智慧商业生态和不断完善的数智化基础设施。

在 2014 年开启的数字经济时代，阿里巴巴凭借的“大数据、云计算（以及云支付）”等技术优势，在国内最早进行了多个产业的生态扩张，尤其在著名的“五新”战略提出后，阿里巴巴在金融、制造、物流、零售、能源等众多行业掀起生态扩张运动。

当时间进入 2020 年，在数智经济时代，阿里巴巴经济体手上已经握有三张王牌，一是阿里云智能领衔的阿里巴巴商业操作系统，二是蚂蚁金服构建的区块链价值互联网平台，三是承载阿里巴巴第五大经济体梦想的 EWTP 世界电子贸易平台。

总体上，我认为未来阿里巴巴经济体对数智经济的价值将主要体现在以下层面：

第一，阿里巴巴将有助于构建各种数字资产实时自由流动的价值网络。

数智经济不同于数字经济，网络中流通的不是单纯的电子比特，而是整个物理世界，我们身边的实体资产都将并网流通，而让实体资产在数字空间中流通起来，区块链技术是最好的价值流通选择。因此，蚂蚁金服将是阿里巴巴最具潜力的板块，它可以通过区块链技术把物理世界的资产数字化，实现全球范围内各种资产在数智世界的“无中介”流通，同时区块链智能合约还会极度简化商品生产流通的分润机制，进一步优化生产关系，比如一瓶矿泉水的生产消费链条中，区块链智能合约可以自动完成从生产、运输、销售到税收等环节的分润，剪除会计、中间结算等冗余的再分配行为。

同时，我认为区块链技术的核心在于应用层面“去中介”，而不是技术层面“去中心”，人们没有必要为了追求绝对的资产安全而打造一个完全去中心的缓慢价值网络（比如比特币网络），资产安全应该是一个相对的概念，人们运用区块链技术应该在安全和效率之间取得一个平衡，而不是一味追求安全而舍弃了效率，这有悖于数智经济的即时商业响应原则，因此联盟链是区块链技术的最好选择。区块链技术的核心只有一个，就是要把商业环节中一切截留资金和时间的“中介”干掉，让资产像电线里的电一样实时地无障碍流通。

第二，阿里巴巴将搭建起涵盖个性制造、供需匹配和在线服务的智慧商业全链对接平台。数智经济是一种高度智慧化运行的商业系统，其核心在于消灭商业各环节不连续的断点和降低商业流通环节的各种阻力，实现平滑的、在线的和敏捷反应的商业运行。传统商业由于无法解决“即时响应”和“诚信经营”之间的矛盾，就在过程环节人为设置了各种阻碍和审查环节，消耗了人们太多的时间和精力，同时传统商业还因为无法解决时空错配的问题，凭空增加了库存、期货、保险等各种商业附加来对冲可能的风险，造成了严重的商业冗余和商业寄生现象，因此，传统商业在一定程度上陷入了“反效率”的陷阱。阿里商业操作系统的未来价值就表现在可以让商业运行得更加平滑，把传统商业各个环节的效率缝隙进行极限压缩，降低全流程的商业电阻，同时阿里巴巴也要尽力发挥智能商业的敏捷反应优势，帮助企业消除因时空错配问题带来的商业冗余，让企业轻松无压力地赚钱。

第三，阿里巴巴的数智化基础设施将可以大大简化世界贸易程序，带来可信任的全球交易网络。世界电子商务发展极不均衡，很多地方缺少电商基础设施，这正是阿里巴巴全球化发展的机会，但要让全世界的交易在网络上发生，并不仅仅是一个技术性问题，更重要的是标准问题，不同国家之间在报关、结汇、退税、交易、物流、金融等方面，要能够通过统一标准的数智化基础设施进行对接，从而简化贸易程序，让网上交易更简单、更智能，所以阿里巴巴发起的 EWTP 项目将是其能否搭建起全球自由贸易生态的关键。

但阿里巴巴也并非没有隐忧，未来十年，阿里巴巴能否像前面二十年一样成功，取决于它能否革自己的命，包括能否革天猫、淘宝的命，开发出下一代购物网站，能否革阿里云的命开发下一代云服务，把数字经济时代的优势延续到数智经济时代。

一方面，类似于天猫、淘宝的导购模式在数智经济时代将会显现出落后的一面，不符合人们智能化、沉浸式、共情式的生活消费场景，因此阿里巴巴需要尽快开发“下一代购物网站”，从“一站式产品导购”向“场景化共情购物”转型，要帮助用户减少在线决策时间和精准性，避免人们大海捞针式的消费。

另一方面，下一代云服务更像是混合云的逻辑，因为数智经济需要做到的是“边云协同”，而不能完全依赖于中心化的一朵云，因此阿里巴巴需要转变云服务思维。在 2020 年以前，华为曾一度押宝混合云，被业界认为是走错了，因为 2020 年以前没有 5G，没有 IoT 的边缘计算需求，所以除银行等少数客户外，一般企业在边缘侧都不需要建云；但 2020 年开启的数智经济时代恰恰相反，押宝公有云同样不是正确选择，IoT 边缘侧也需要建云并拥有智能，云服务需要分散到各个 IoT 中心节点，比如智能工厂本身就是需要一个独立的边缘计算（或私有云）的场景。

第六章
连接智慧产业：再造下一个物联网版“腾讯”

2020 年中国数智经济商业向心力 TOP 排行榜中，排行第三位的腾讯是 C 端连接能力最强的“高阶商业文明”，但数智经济更多考验的是智慧化连接 B 端和机器的能力，连接的对象从人进一步延伸到更大的物理世界，腾讯必须在高维技术和商业生态两个方面都取得突破。

马化腾给腾讯下一个十年的定位非常清晰，即做互联网智慧商业的连接器、工具箱和生态共建者，新成立的腾讯云与智慧产业事业群，肩负起研发高维技术和构建商业生态的使命，以期在产业圈地和生态扩张方面与阿里巴巴形成对称优势。

截至 2020 年，架构调整一年多的腾讯，在数智经济方面的优势也渐渐清晰，一是以腾讯云、人工智能等技术矩阵为中心的智慧产业生态，二是以微信、微信支付等为核心的智慧化社交和生活服务生态，三是以优质内容生产和技术分发为核心的数字文化消费生态。

我认为未来腾讯对数智经济的价值将主要体现在以下层面：

一是腾讯有机会成为数智经济时代普通人畅享智慧生活的智能助手。腾讯的优势一直是社交，但什么才是数智经济时代的社交？以前谈社交，指的就是人与人的社交，腾讯只负责传递文字图片或音视频信息，但在数智经济时代，人们需要的社交 App 会与现在截然不同，它包含两个方面：一方面是人与人要能智能连接，你的非洲下属给你发了一条语音，社交 App 需要把它准确地翻译过来，你正在与欧洲同事进行视频通话，社交 App 的助理机器人要能够帮你处理其他通话请求，另一方面是人与机器也要能够智能连接，人们日常需要通过社交App跟自己的智能汽车、智能家电、扫地机器人等进行“社交”，社交 App 要能够跟自己的智能汽车“对话”，你的社交 App 里，可能会有一个“机器人好友”的列表。

智慧社交还只是人们智慧生活的一小部分，未来我们每一个人都将是“数字公民”，人们需要把生活、工作和娱乐等搬到线上，畅享在线化、智慧化和沉浸式的生活方式，届时人们需要考虑如何更智慧地与外界进行连接，包括与人、设备、公司和城市等进行智慧连接。腾讯的机会就在于，微信可以被打造成一个“智能中枢”，变成每个人的智慧生活助手，人们的社交、生活、工作和娱乐全部可以在微信上安排得井井有条，你的公司可以在微信上进行智慧管理，你的住房可以在微信上进行智能控制，你的娱乐可以通过微信进行智能安排，也就是说，腾讯可以基于微信打通人们所有的智慧生活连接。

二是腾讯有机会成为普通人与各领域智慧产业无缝衔接的基础设施。数智经济时代，各行各业发展智慧产业的终极目的，就是更好地服务于人，所以，互联网也好，物联网也罢，最终都会变成一张网——人与万物的智能网联，但这两张网要怎样无缝衔接呢？比如，城市会建立智慧交通物联网，医院会建立智慧医疗物联网，工厂会建立智能工厂的物联网……如果这些物联网不跟人的需求有效打通，就会变成“花瓶”一样的摆设，中看不中用，因此需要有对用户友好的“连接器”把海量的个人需求与物联网的有效供给连接起来，腾讯聚集了海量的用户，可以说是各个智慧产业无缝对接用户的重要连接器，可以发挥很好的基础设施作用。

三是腾讯有机会建立起成熟的智慧化文化基础设施和产业生态。工业革命既是物理世界的革命，也是精神世界的革命，历次工业革命都会伴随一场文化产业革命，第一次工业革命带来了报业、出版等文化产业的繁荣，第二次工业革命带来了广播、电视等文化产业的繁荣，第三次工业革命带来了影视、直播等文化产业的繁荣，而第四次工业革命很可能会带来更加沉浸式的虚拟现实、实景现实等文化产业的繁荣。因此，建立智慧化的文化基础设施和产业生态，让人们精神文化的生产、分发和消费实现智慧化和沉浸化，将是数智经济带来的第四次工业革命的一个重要成果，而腾讯现有的数字文化生态还是很有发展潜力的。

腾讯的数智经济隐忧并不在于没有 To B 基因，而在于是否会在未来的智能社会里失去服务用户的能力，未来用户需要的服务是智慧化的服务，是沉浸式的体验，是高度共情的沟通（哪怕是和机器人沟通），但我们看到，腾讯还没有开始布局下一代智慧化的社交产品。同时，无论互联网智慧商业发展到何时，与用户服务距离最近的永远是“内容”，尽管腾讯定位“科技 + 文化”的公司，但在 VR、AR 等领域的投入均不够，也没有打造智慧化文化基础设施的战略布局，而是把技术力量过度集中于与云与智慧产业事业群。

第七章
发展 AI 内核：百度向人工智能跃迁的进化逆旅

2020 年中国数智经济商业向心力 TOP 排行榜中，百度位列第四位。

与很多不看好百度未来前景的观点相反，我比较看好百度在下一个十年的发展，作为专注打造 AI 开放平台的“高阶商业文明”，百度势必在“5G+AI”的数智经济未来版图中占据一席之地，未来各个智慧产业都可能会有百度人工智能的身影。

普通人只看到了百度的搜索和信息流业务颓势，但我看到的是李彦宏正在将百度打造成一家人工智能公司，与国内很多人工智能公司只专注于语音 AI、视觉 AI 等狭窄赛道相比，百度公司建立的人工智能“主航道”非常宽。过去几年，业界更多关注百度押宝的两个人工智能应用赛道——无人驾驶和智能家居，但其实百度在人工智能方面涉猎颇广，已经是国内人工智能开发能力和应用能力最全面的一家公司。

未来百度对数智经济的价值，将主要体现在以下层面：

一是百度有机会改写数智经济的底层生产力，让 AI 变成像电一样无处不在的基础设施。经济社会有一个普遍规律——规模化才能产生经济性，建造一个工厂却只生产一辆汽车，是不经济的，如果生产了百万辆，经济性就很高。过去的工业社会，生产的规模化带来经济性；未来的智能社会，AI 的规模化带来经济性。目前，机械效率已经逼近极限了，未来社会底层生产力的提升有赖于人工智能发挥作用，让社会效率从机械效率向生物效率转变，需要让人工智能在各行各业大规模普及，让人们使用人工智能就像使用电力一样方便。未来，百度 AI 若实现规模化应用，社会的底层生产力和效率会显著提升。

二是百度有机会基于 AI 集群发展“AI 云”，让被百度 AI 赋能的智能设备走进千家万户。国内正在经历一波人工智能的创业热潮，但总体上以单一领域人工智能为主，极少像百度公司一样发展 AI 集群，但人们应该很清楚，数智经济时代的智能必然是全局性的，人工智能需要集群化作业，如同人的眼、耳、口、手等一样要彼此协同，而发展单一领域人工智能具有很大的应用局限性。以自动驾驶汽车为例，可能会涉及语音 AI、图像 AI、控制 AI 等众多类型的人工智能，如果这些 AI 不能彼此协同，就会造成严重的操作延迟，甚至是产生系统故障。未来，百度若把众多的 AI 集中布置在一朵“云”上，各行业根据自身需求进行组合调用，可以说是一种非常经济的 AI 应用策略。

三是百度可以建立分布式 AI 产业生态，并向公众提供一些免费的基础 AI 服务。AI 不能全部都是云化的，必须要有一些基础 AI 是可以在终端或者边缘侧部署的，这样有利于减少响应延迟，也有利于为云端算力减负，打造更“轻量化”的云服务，为了扩大市场，同时也为了 AI 普惠，百度可以将一些基础 AI 免费开放给用户使用，这样更有利于建立分布式 AI 产业生态。

综合来看，百度的数智经济隐忧在于：

（1）能否熬过冬天。传统的搜索信息流业务与人工智能业务之间的赛道切换，可能会导致从一家长期赢利的公司变成短暂亏损的公司，百度团队能否承受住来自内部与外部的压力，坚定闯关人工智能这一进化逆旅的信心。

（2）能否更加开放。百度的 AI 开放平台战略应该更激进一些，将国内外的优秀 AI 都集中到百度的平台上来，让每个人、每家公司都可以基于百度平台的基础设施进行 AI 开发和运营，也就是百度应该打造人工智能版的 App Store。

第八章

整合通用平台：字节跳动用信息实现人的价值最大化

2020 年中国数智经济商业向心力 TOP 排行榜中，字节跳动位列第六位（蚂蚁金服排第五位）。

字节跳动产品主打信息的智能推荐，相比于传统信息平台来说，字节跳动就是一个智慧化的信息平台，所以也是一种“高阶商业文明”。字节跳动的价值在于，它打造了一个无差别的信息网络，各行各业的人都有机会在这里交流信息。

根据“信息熵”理论，当一个系统充满了未知和不确定性的时候，就需要引入新的信息才能理解它，系统引入的信息越多，就会越有序，价值也就越大。我们所处的数智经济世界就像是一个硕大又漆黑的屋子，每一条信息就像是一点荧光，当没有任何信息的时候，屋子里就是漆黑一片什么也看不到的，当我们给屋子增加一条信息，就可以揭开屋子的一角，随着引入的信息越多，我们就能看到屋子里更多的东西，字节跳动的价值就是在给我们所处的黑屋子里引入更多的荧光，让各种信息在其中无差别地流动。

未来，字节跳动对于数智经济的价值，将主要体现在能够解决传统信息平台存在的两个严重问题，一是“信息茧房”问题，二是“信息网络”问题，下面我们分开来谈。

先说字节跳动解决“信息茧房”问题。网络带来了信息大爆炸，推动了信息产业的繁荣，但总体来看，国内还是以满足小众需要的信息平台居多，大量信息被人为地割裂开来，分散在各个平台和圈层中，我们的信息社会就像由很多个小格子构成的书架，形成了一种平台型“信息茧房”现象，各种信息仿佛进入了“黑洞”一样，只在一个个小平台和小圈层里封藏，用户需要注册多个账户寻找自己想要的信息。也就是说，在传统信息平台里，信息彼此之间是几乎没有“交叉”的，物理类信息的在一个平台和圈子里，化学类信息在另一个圈子里……

当信息没有“交叉”意味着什么呢？

在数智经济时代，信息不交叉就不能产生“新知”，也不能产生“人工智能”，人工智能是一个跨学科的信息工程，数智经济是一个多种信息交叉的数据经济，因此，数智经济迫切需要把各种信息无差别地流动起来创造价值，而不是封藏在各个小格子里，相比于传统的信息平台，人们更需要由字节跳动打造一个通用的、无差别和智慧化的信息网络。

再说字节跳动解决“信息网络”的问题。传统信息平台是通过少数人的人工审查和人为筛选来传递信息，也就是由“权力”决定信息流动。所以，过去人们习惯由“新闻媒体”和“媒体人”在网络中发布信息，但其实“媒体”和“媒体人”又懂什么呢？他们既非数据科学家，也非人工智能专家，更不是量子科学家，他们编辑的信息其实价值相对比较低，却占用了大量的网络资源，真正有价值的信息反而缺少优质的发声窗口。

字节跳动给了每个人发声的机会，它不是一家媒体平台，而是一个信息网络，数据科学家、人工智能专家和量子科学家都可以在这个平台发声，平台根据个人需要匹配和推荐这些信息，所以，字节跳动其实是打造一个无差别的信息网络，解决了“信息网络”的问题，让有价值的信息自由流动起来。

所以我要特别指出的是，数智经济的发达，有赖于从根本上解决“信息茧房”和“信息网络”的问题，让各种信息地发布和流动从“把关人”中解放出来，为数智经济网络引入更多有价值的信息，并通过信息的无差别流动来启发和创造新知，实现整个社会的认知迭代和人的价值最大化。

总体来看，字节跳动的数智经济隐忧在于，平台内信息的自由流动和智能匹配只“成功了一半”，另一半则决定于“能否持续激发不同人的潜能和有价值人的表达欲望”，从而让我们的社会整体认知不断迭代向前。

纵观国内很多信息平台的发展宿命，发现一条很尴尬的规律，**它们最终都变成了一个过度娱乐化的平台**，比较典型的就是微博，而娱乐信息是反价值的，不创造信息增量。如果字节跳动也步其他平台过度娱乐化的后尘，其未来对数智经济的价值也将大打折扣。其实，如果想通过切入文娱进行商业化变现，字节跳动不妨做一个独立于通用信息平台的娱乐产品。

第五篇

新视野：通往“数智经济”新大陆的七条路径

准备好了吗？现在是抢“船票”时间！

移动互联网十年，一部手机的智能化，就帮助数字经济豪取了三分之一的GDP；万物互联的新十年，海量设备智能化，将会创造多少的GDP呢？商业向心力实验室给了一个很保守数字，就是未来十年数智经济占中国GDP的比重将达到2/3。

数智经济新十年将开启一次向智慧商业体的集体进化之旅，上至国际大公司，下至普通创业者，各类商业主体都要主动探寻“5G+AI+物联网”的生存之道，以期拿到一张登陆数智经济的船票，动作慢了，思想犹豫了，就可能会被甩在身后。

互联网智慧商业的列车滚滚向前，总会涌现出新的、更强力的“火车头”。2020年开启的数智经济，新巨头们是动力基本盘，更新的商业物种是动力生力军，我们每一个普通人都是动力能量源，十年后，人们将看见一幅“5G+AI+物联网”深度触摸和智能操控物理世界的数智经济全景图。

“数智经济”将会催生怎样的商业新物种？传统商业组织需要作出何种适应性改变？普通人需要遵循怎样的进化路径？企业在“共生or竞争”矛盾面前要探索怎样的发展哲学？本篇内容将试图揭开这些问题的答案。

第一章

开发数字镜像：成为变革数字商业世界的“镜像生产力”

未来的智慧商业世界是“双螺旋世界体系”——机器控制论和生物涌现论同频共振。

相对应地，实体物理世界将与虚拟网络世界协同共生，每一家实体公司，都要在传统的商业骨架和组织血肉之上，生长出新兴的神经网络和运维大脑，从而达到物理生产力与镜像生产力阴阳相和的商业新境界。

未来十年里，无论你从事何种实业，运用何种商业模式，最重要的事情清单里注定会有这样一件事——在数智网络空间里复刻你所从事实业的“镜像生产力”。在此基数上，一方面通过不断的数字化试错，寻找商业最优解，实现**可持续的生产力跃迁**；另一方面，同步迭代你的实业（硬件智能化）和它的数字镜像（软件智慧化），推动它们彼此像灵与肉一样协同运行，实现**生物化的效率升级**。

因此，在数智空间里建设与物理世界协同的“镜像生产力”，将是通往互联网智慧商业发展终局最重要的一条路径。现在的制造业领域，包括海尔、西门子、通用等建立的工业 4.0 平台，都已经建立起镜像生产力的雏形，有条件的制造业公司，要尽量选择跟上这条发展路径。

商业向心力实验室认为，发展数智经济时代的“镜像生产力”，总体要坚持建立“三类镜像”和达成“一个终局”的发展路线图，三类镜像指的是“**组织在线化、设备智能化和个体 IP 化**”，一个终局指的是在三类镜像基础上形成“人与万物智能网联化”发展。

1. 组织在线化

数智经济时代，组织需要转型在线化办公作业，要在数智空间建立组织的“数字镜像”，并通过引入 AI、云基础设施等方式，持续推进组织办公的云化、智能化和协同化（即与其他云办公组织的对等接入能力），从而完成传统组织向镜像生产力组织的跃迁。

2020 年，是企业云办公的决战之年，市场可能会形成“华为 WeLink、腾讯企业微信和阿里钉钉”三国鼎立的局面，腾讯和阿里拥有先发优势，并且在应用场景的拓展方面资源禀赋较好，作为追赶者，华为要想在这场决战中破局，胜算主要是把云办公引向“智能”方向。比如，WeLink 的 AI 助手小微，实时翻译，一键找人等智能应用，通过把在线化办公场景智能化，解决线上办公的生产力跃迁问题。

因为华为 WeLink 的加入，预计云办公市场将会出现以下几个趋势：

一是云办公的“全链 AI 化”。在云办公全链引入 AI 帮助处理问题，比如 AI 语音翻译，AI 日程助理，AI 合同管理，AI 会议管理，AI 差旅管理等，能用 AI 的环节尽量用 AI 来辅助完成。

二是云办公的“办公设备智能化”。云办公的前提是办公设备智能化，比如公司的打印机、电话、电脑、会议投影仪等设备，都需要智能接入云办公系统，云办公要两条腿走路，组织要上云，办公设备也要上云。

三是云办公的“岗位重排”。办公云化，组织就需要做出适应性改变，人力资源管理的思维也需要云化，很多新的岗位会出现，比如类似办公数据处理专员，很多管理岗位要做出变革。

四是云办公会建立“开放生态”。云办公将向合作伙伴渗透，通过云办公把有合作关系的公司连接起来，保持与其他云办公组织的对等接入能力，实现产业链的云协同。

总之，在数智经济时代，组织在线化、办公云化是大势所趋，这一波“华为 WeLink、腾讯企业微信和阿里钉钉”的三国决战，将会在未来五年内改变中国数智经济的产业生态和管理效率，传统组织将会完成向“镜像生产力组织”的跃迁。

2. 设备智能化

让设备建立镜像生产力要比组织更为复杂，人本身就是智能的，因此“组织在线化 +AI 辅助”就能够建立起镜像生产力，但设备不同于组织，它本身不享有智慧，因此物理设备要想成为镜像生产力，需要让设备本身具备智能交互能力。

2020 年开始，物理设备需要智能接入云边协同的产业生态，并且与人及网络空间的数字大脑进行智能交互，人们将会看到越来越多的物理设备进化出新的能力，且具备如下特征：

一是物理设备将被植入 IoT 操作系统。以前，人们生活中常见的手机、平板等设备被植入了 MobileOS 操作系统，未来是汽车、工厂设备以及家庭家电将被植入 IoT OS 操作系统，可以说，植入操作系统是设备智能化的第一步，物理设备所有新的智慧化能力都是基于操作系统。

二是物理设备将自主生成和响应“决策流”。被植入操作系统之后，物理设备会出现“AI 化”发展趋势，不仅各种 SAP 软件中会引入 AI 算法，跟设备相关联的边缘侧的计算中心和云端计算中心都将引入 AI 决策机制，工厂里的机器就像公路上自动驾驶的汽车一样，可以自主生成和响应决策流，完成人们下达的各种复杂的任务指令。

三是物理设备将建立起人机智能交互机制。人们在数智空间里给各种设备建立“镜像生产力”，并非要完全取代人、淘汰人，也不是追求无人化的生产力，而是让机器可以更好地理解人的想法，可以随时随地响应人类的决策，因此在智能设备的过程控制和智能决策环节，人机将可以随时进行智能交互，人与设备随时可以无障碍交流，让机器设备听人指挥。

商业向心力实验室认为，人始终是数智经济的核心，发展“镜像生产力”的目的就是要实现人与机器的智能交互，未来人与机器智能交互将主要通过三种方式，分别是“触屏交互”“语音交互”和“脑机接口交互”，目前来看，**触屏交互比较适合可穿戴设备**，比如手机、手表等，**语音交互比较适合近场设备**，比如自动驾驶汽车、智能家居，**脑机接口交互比较适合远场设备**，比如远程医疗、远程探测，并且需要与 VR、AR 技术相结合。

3. 个体 IP 化

在数智经济中，个体也要成为“镜像生产力”，以便可以融入总体的智能网联生态创造价值，企业不再需要等待被动安排的“螺丝钉”“砖头”，而是需要能够自驱动、自决策和创造矩阵价值的“IP”。在这里，“IP”不仅是人在网络空间里的价值创造载体，也是个体的数字生产力镜像。

2020 年开始，个体的生产力要想在数智网络中得到跃迁和释放的机会，就要保持对数智网络空间的即时接入能力、智能交互能力和在线迭代能力，个体要把这三种能力作为职业发展的考量，不断寻求个人 IP 智能协同能力的提升。

第一，即时接入能力。数智经济的典型特征是全时在线，所以个体要保持 AnyTime、AnyWhere、AnyDevice、AnyBody 的即时接入能力，可以不在公司办公，但要即时上线处理问题。

第二，智能交互能力。数智经济是人与机器智能网联，人不再只和人打交道，也要和机器交流，机器可以理解人，人也要能够读懂机器，包括能够利用机器智能处理问题，比如医生不能仅凭自己的经验诊断病情，更需要学会用 AI 医疗设备管理病人。

第三，在线迭代能力。有了机器智能的辅助，人类的工作会变得简单吗？数智经济时代，人类的身体会进入“Easy 模式”，但人类的大脑会进入“Hard 模式”，大脑不能偷懒，要通过知识 AI 等不断在线迭代自己的认知，探索未知领域，以保持对各种数字大脑的赋能能力。

总体来看，要想达成“人与万物智能网联”的发展终局，个体的镜像生产力、设备的镜像生产力和组织的镜像生产力都不可偏废，它们是智慧商业生态里环环相扣的三个协同工作主体，从目前来看，工业 4.0 也好，智慧城市也好，智能家居也罢，这些数字镜像的协同性还远远不够，它们尚不完全具备对其他智慧商业主体的对等接入能力，所以未来镜像生产力还有很长的路要走。

第二章

专注技术驱动：实现竞争力重塑的“高维技术低维展开”

自 2010 年开始，社交网络、大数据、云计算、AI、区块链等新技术应用逐一落地，商业文明中出现了更高等级的“智慧商业体”，商业文明也因此有了更多的维度，“代际技术差”带来的竞争不对称性显著加剧，很多传统商业体不得不把“半条命”交给了更高等级的互联网智慧商业体，与他们建立共生的关系，从原来的个体竞争加入生态竞争的行列。

以传统纸媒为例，它们纷纷转型，接入到更智慧的媒体平台当中，形成新的媒体生态系统，接受智慧商业体赋能的同时，也为总体的商业生态系统做贡献，以彼此共生的方式创造生态价值。

刘慈欣的科幻巨著《三体》中，四光年外的“三体文明”，通过“质子”的低维展开，把人类文明玩弄于股掌之间，而在互联网智慧商业世界，“代际技术差”带来的高维技术低纬展开，也同样开始统治我们的商业文明。虫子，人类，三体人，跨文明的生态竞争遵循着怎样的规律，你的公司处于哪一个等级的商业文明维度，又应该如何在宽域竞争背景下建立起自身的竞争优势？

传统商业中，商业竞争处于同一维度，比拼的是谁能通过精确管理取得垄断壁垒，谁能控制更多资源、更大的市场、更知名的品牌和拥有更高的溢价能力，谁就能胜出。但在互联网商业中，商业竞争往往处于多维、跨纬的竞争状态，就像三体人对地球人、人类对虫子，代际技术差优势，以及与之共生的商业生态效率优势，才是决定商业竞争胜负的核心。

这就好比，清朝的蚕丝厂，要跟现在的水星家纺进行竞争一样，一点胜算都没有，因为“跨维”的商业文明竞争是建立在“代际技术差”基础上，清朝的蚕丝厂已经落后了至少一个文明维度，在商业效率与现代化工业体系、销售网络有着云泥之别，同时，水星家纺与天猫、京东等智慧商业体共生，还被赋予了物流、支付、客服等方面的生态效率优势，这也是清朝的蚕丝厂不可比拟的。

数智经济是一场从技术核心层、价值创造层到环境友好层的商业向心力竞争，竞争的核心就是“代际技术差”，商业文明必然围绕着掌握高维技术的智慧商业体展开。这场由代际技术差带来的商业向心力竞争力重塑，核心逻辑包括两点：一是代际技术差会带来“高维技术在低维展开”的机会，导致资源会围绕着高等智慧商业体展开；二是代际技术差带来的“高维打低维”非对称竞争优势，让高等智慧商业体具备了建立共生商业生态的条件。

举例来说，阿里、腾讯、华为等智慧商业体的云端大脑，就是一种“高维技术”，它在传统金融、制造、交通、物流等领域“低纬展开”，实现了高维打低维的非对称优势，在此情况下，传统金融、制造、交通、物流等不得不与阿里、腾讯、华为等智慧商业体建立彼此共生的商业生态，这就是我们所说的商业向心力竞争。

只要我们的互联网商业文明中存在明显的“代际技术差”[①]，存在处于不同智慧等级的商业文明，市场中就会存在高维技术低维展开的机会，就会形成以“共生”为特征的全新商业生态。在互联网世界，“代际技术差”是多

① 在数智经济时代，因为操作系统，芯片等软硬件以及大数据、云计算、工人智能、量子计算机等新技术应用不断向前进行“技术迭代”，导致企业的智慧水平会产生明显差异。作者把互联网智慧商业的这一现象称为“代际技术差”。

元的，也是广泛存在的，它可能是宽带带宽的差距，可能是云计算算力的差距，可能是 AI 智能水平的差距，还可能是拥有各种大数据资源的差距。

互联网世界所有新兴“独角兽”的成功，绝大多数不是“高维技术低维展开”的成功，独角兽们往往是“智慧商业体”，它们面对的是“传统商业体”，两者之间拥有着明显的代际技术差，最终传统商业体不得不与智慧商业体建立商业共生关系，独角兽也就因此诞生了。

本书所称的“代际技术差”，主要指是互联网化带来的“商业智慧化”能力的差距，其次才是工业技术、工艺水平等方面的差距，也就是“大脑”的差距优先，“肌肉”的差距次之，谁拥有更强的大脑智慧，谁代表更高等级的商业文明，谁就处于“代际技术差”优势的一方。

接下来，我分别以美团、蚂蚁金服、微信的案例，具体讲一讲互联网“高维技术低维展开”的三种典型形式，看看代际技术差如何影响商业竞争以及成功的智慧商业体都是怎样在一个宽域世界中实现了商业向心力式的崛起。

1. 美团的“跨界打劫”

王兴曾经说，美团没有边界。

他认为，我们要做的就是清晰地知道自己的核心所在，并不断尝试各种业务，就像万有引力一般，每一个物体因为质量的存在，会产生引力，都会影响周围其他所有的物质，离核心越远，影响力越小，或者是它本身的质量越小，变得影响力越小。

王兴的商业理念比较接近于商业向心力生态理念，只不过，他“万有引力”的引喻，还停留在“控制论”的竞争思维里，但其实新美大是正儿八经的“涌现论”竞争模式。

美团最经典的战法就是“跨界打劫”，利用高频可以带低频的优势，打通从餐饮到生活服务的全场景。而“跨界打劫”，显然不是传统商业的做法，因为传统商业的一般规律是隔行如隔山。

王兴把美团在餐饮市场积累的大数据技术优势，复用到了观影、打车、酒店、旅游等场景，实现了餐饮大数据在打车、酒店、旅游等市场的低维展开，从而建立起一个彼此共生的生活服务生态全链，如果没有高频餐饮入口的大数据技术，美团其他的业务也会哗啦啦似大厦倾倒，就像阿里巴巴失去它的“云计算”一样。

2. 蚂蚁金服的“商业链反噬”

2003 年支付宝诞生时，就是个像蚂蚁一样的“虫子”。

但这只虫子进化太快，很快就成了不可小觑的“三体文明”，还自己取了新名字“蚂蚁金服”。

与美团的跨界打劫不同，蚂蚁金服的高维技术走了一条商业链反噬的低维展开之路，他先是以“第三方支付”开启网上支付清算，然后继续沿着商业链上行，把各种贷款、基金、保险、信用等业务做了个遍。

3. 微信基于“优势锁定”的场景革命

2011 年，互联网新物种“微信”诞生之初，也很平淡无奇，只是一个可以语音聊天的社交工具，但奇迹发生在微信拥有了第一个“优势锁定”的能力之后。

人们很快发现，微信社交真的是太方便了，越来越多的人对它欲罢不能，微信很快就建立了在社交方面的优势锁定能力，打败其他的众多社交应用，并成功锁定了一大批用户，这之后，微信迅速开启了一条高维技术场景革命式的低维展开之路。

最开始，微信把社交场景的优势锁定能力，在新闻、支付、生活等三大场景进行低纬展开，从而占领了全新的用户场景。随后，微信又通过支付场景的优势锁定能力，在网上购物、生活缴费、城市服务、政务服务等众多场景进行低纬展开，到现在，微信几乎打通了日常生活中所有的线上生活场景，也就是用一个社交 App 的高维技术，在用户所有的线上场景上进行低维展开，实现了微信在手走遍天下。

类似微信、美团、蚂蚁金服的案例，仅仅是拥有代际技术差的智慧商业体快速崛起的冰山一角。近年来，数不清的智慧商业体通过高维技术的低维展开，建立了属于自己的庞大生态版图，人们倾向于把它们叫作“新物种、瞪羚羊或独角兽”。

很快，人们就从传统的商业竞争逻辑中惊醒，越来越多的企业家、创业家意识到，协同共生的生态竞争才是“宇宙商业学”的真谛，地球“母星”的商业文明基于控制论的精确管理，建立齿轮咬合的机器系统已经严重落后了，所以，网约车比传统的出租车更方便，今日头条异军突起，越来越多的人使用平安好医生，在宽域宇宙的全新商业逻辑之下，众多新物种的横空出世已经不足为奇了。

其实，一些在中国本土不被人熟知的传统企业，在非洲、东南亚市场却做得风生水起，本质上也是因为“高维技术的低维展开”，他们发现在中国市场已经落后的产品和技术，在非洲、东南亚等却依然拥有竞争力。

第三章
打造量子组织：建构个体自驱的“商业向心力生态竞争”

马克思政治经济学原理指出，生产力和生产关系彼此相互作用，不可分割。

数字生产力作为更高阶的生产力，自然也需要与之相适应的先进生产关系。因此，当数智经济中的镜像生产力帮助人们找到商业最优解，让生产力实现了本质跃迁，作为重要生产关系的组织形态也必须要发生彻底革命，传统经济中的“公司—员工”这种雇佣关系和层级管理模式需要被打破。

否则，只有生产力的跃迁，没有生产关系的变革，数智经济就会变成“跛脚鸡”。

前文提到，《末端爆发》一书指出未来的商业关系将不再是“企业、员工和消费者”，而是“商业体、合伙人和用户”，这意味着未来的组织形式也要适应“商业体—合伙人”的关系，组织内的每个人、每个团队都要从员工变成合伙人，**合伙人不同于员工，他们一般处于既是普通员工又是管理者的“叠加态”**，他们在组织中的角色完全视需要而随时可能变化，这样的组织很符合“量子”的一些特性，因此我们就把这样的组织叫作“量子组织”。

那么，数智经济为什么需要量子组织？

第一，数智经济创造的是协同共生的生态价值，个体按照自己的生态贡献分润，所以是自驱动的，就像量子一样，受激“做功”就能“跃迁”。

第二，数智经济是一种人与机器智能协同的智慧商业，人不再是等待被动安排的“螺丝钉”，个体既是决策者又是执行者，就像量子一样时刻处于“叠加态”。

第三，数智经济里遍布着与物理世界镜像对称的“平行世界”“多重宇宙”，人要在多个“数字镜像”组织中矩阵化创造价值，而不再只服务于单一组织，所以个体要像量子一样有无限个分身（数一数自己有多少个微信工作群）。

现代企业的典型特征是，发展越大越臃肿，越不灵活、僵化，层级越来越垂直化、反映极慢，所以在互联网智慧商业时代，企业要把组织管理从过去的垂直化、专业化、标准化，向矩阵化、量子化、智慧化过渡，就像量子比特既可以是1也可以是0一样，未来的每一位员工都是双重角色，即是“管理者”又是“执行者”，既是“雇员”又是“雇主”，所有员工实时地通过企业的“神经网络”与“运维大脑”建立连接，比方说，道路上的交通指挥员，不需要听从上一级交通队长的指挥，而是与城市的“交通大脑”建立一种智慧化的连接，自己做出正确的决策和行动，既是管理者又是执行者。

所以，在数智经济时代，**企业通往互联网智慧商业的第三条路径，就是打造“量子组织”，以更好地匹配数字生产力**。

在量子组织中，所有人都是“合伙人”，他们是自驱动、自决策和矩阵化创造生态价值的个体或团队，他们处于执行者和管理者、雇员和雇主的“叠加态”。比如，海尔的组织形态就是量子组织，基于人单合一建立了“创客平台”，全员创客化，人人都是合伙人；华为的组织形态也是量子组织，基于熵减原理建立组织管理的“耗散结构”，全员持股变成事业合伙人，员工能上能下，做功者上，功泄者下，能进机关，能下前线；阿里的组织形态也是量子组织，基于道法自然思想让组织“无限可分”，一个淘宝一拆为四，变成四个合伙人组织，所谓“道生一，一生二，二生三，三生万物”，与量子的“平行世界”“多重宇宙”理论如出一辙。

接下来，我们就以海尔、华为和阿里的“量子组织”案例，来具体阐释如何构建数智经济时代的量子组织。

1. 海尔全员创客化

张瑞敏是中国无出其右的管理大师，它的组织领先了一个时代。

海尔把原来集中式管理的公司组织打散，不再是“牛顿控制论”的产物，上一级对下一级不是管理的关系，而是彼此双向赋能的关系，全员创客化，个体自驱动，组织架构变成了适应互联网环境的“量子组织”。

张瑞敏说，**“要跟上用户点击鼠标的速度。”**

变革后的海尔，员工从听领导的变成听用户的，员工成为自主满足用户需求的“创客”，企业变为服务于员工的平台。海尔转变为平台企业后，不仅服务于员工，还可服务于社会上的创客，海尔搭建一个常态化的创客平台，专门成立了“M-LAB创客实验室”,凝聚组织之外的伙伴,帮助他们实现想法和创意,海尔为他们提供创意展示、开放交流、项目孵化、经费支持等服务。

如果创客有好的创意，海尔可以提供软硬件设备的支持及供应链整合的服务，涵盖研发设计、试制与中试、模具设计、生产销售和物流配送等服务支持，海尔网上商城、日日顺及渠道伙伴国美、苏宁、京东、天猫等都可合作对接。

海尔不再是一个封闭的组织,而是一个能够快速聚合资源的生态圈体系，处于其中的小微公司则不断根据市场变动，快速自主决策、自主发展，而海尔这个大平台则不断为“小微”提供各种资源，这激发了员工创新的积极性。

分析海尔的组织架构就会发现，“全员创客化”的结果是每个海尔人既是员工又是CEO，全员处于量子“叠加态”，他们是完全自驱动、自决策的，他们分布在各个小微团队中，但却为海尔的大生态创造价值，所以海尔的小微组织是明显的“量子组织”，而大海尔则变成了一个“强中心、共生化、自驱动、无边界”的商业向心力生态。

2. 华为建立耗散组织

任正非不是在“管理”十万名华为员工，他是在海里养了十万条大鱼。

他告诉鱼儿们，活着就得动，就得奋斗，就得做功，就得努力划水，停下来就会被吃掉，被生态系统淘汰。所以，华为的组织就像是一个生态系统，每天都在“新陈代谢”，每天都在想办法做“熵减”。

任正非不是在“经营”一家ICT公司，他是在打造一个开放的生态系统。

他不仅让十万条大鱼在广阔的大海里游弋做功，还让大海里那些更有本事的鱼借助华为生态来做功，他极度排斥封闭的思维，认为华为要加强与外部的能量交换，吸收外来的优秀要素，所以，华为的人才管理对内奉行能上能下，对外奉行能进能出，华为跟欧洲人合作，用美国砖造长城，不断拓宽主航道，吸纳更多的船来到华为的航道里穿行，炸开人才金字塔，到全世界延揽科学家。

开放交换能量，厚积薄发做功，华为打造的是一个微观层面不断量子化的组织，每个人都是自驱动的量子态，他们从高能态受激做功变成低能态，再从低能态吸收能量重回高能态，就这样循环往复地进行着量子跃迁运动。在量子组织基础上，华为建立起了“强中心、共生化、自驱动、无边界”的商业向心力生态。

3. 阿里巴巴无限可分

马云喜欢《道德经》，他把“道生一，一生二，二生三，三生万物”的管理思想用到了极致。

阿里巴巴集团旗下的绝大多数产品，都是马云“一生二，二生三”这样拆出来的，从阿里巴巴拆出来淘宝，从淘宝拆出来天猫、一淘网和支付宝，从天猫拆出来聚划算、盒马鲜生，其他包括阿里妈妈、阿里云、菜鸟网络等无一不是跟“拆分”有着千丝万缕的联系。

马云曾说，“阿里的惯例就是把大公司化为小公司来做，这样才能建立更加创新的机制，才能让更多的年轻人和新同事成长起来，在‘小’环境里让大家更有机会展示才华和能力。”

一次公开演讲中马云直言，**“有人说，马云因为早干了八年（淘宝），要是今年再干，我肯定把你干趴下。那么好，我今年把淘宝拆分成四个，你试试看，干得过我，你很好；干不过我，十年以后我每家公司再拆四个给你看看。”**

2020 年 1 月 1 日，马云虽然退休了，但阿里巴巴拆公司的传统依然未变，这次把天猫精灵拆分出来，成立了独立的事业部，瞄准 IoT 产业进行未来的战略布局。

类似阿里巴巴这种让企业的组织无限可分，其实是一种典型的“量子组织”思维，企业让无数个小的分身为组织创造生态价值，而个体则为多个“数字镜像”进行矩阵化的价值创造，个体仿佛是进入到一个个“平行世界”里，哪里都能找到他奋斗的影子，员工为淘宝创造价值，就是在为阿里云创造用户数据，也是在为蚂蚁金服创造交易机会，更是为菜鸟网络贡献订单，一个人的价值映射到互联网的“平行世界”里，就变成了十几个人的价值。

第四章

布设神经网络："硬商业软蝶变"驾驭物理世界重资产

人类一旦开启数智经济的"平行世界"模式，就可以复刻很多"镜像生产力"，其数量将非常可观，可能会数以亿计。

医院会有医院的数字镜像，工厂有工厂的数字镜像，家庭有家庭的数字镜像，港口有港口的数字镜像，机场有机场的数字镜像，就连马路上的汽车、天空中的飞机也都有各自的数字镜像，甚至我们每一个人也都可以有自己的数字镜像。

可以说，人类物理世界有多少个商业场景，未来的虚拟网络空间里就有多少个数字镜像。由于这些数字镜像掌握在不同的商业主体手中，彼此往往是孤立的、没有交集的，它们就像是一个个"肥皂泡"，各自都有各自的边界，并不相互交换数据和创造协同价值。

商业的机会也就诞生在这里，**我们需要在每个"肥皂泡"之间建立起神经联系**，就像在物理世界建立起一张"神经网络"一样，要把可以共生创作价值的多个"数字镜像"彼此连接起来，这正是通往互联网智慧商业的第四条路径——布设神经网络。

举一个简单的例子，在传统商业中，医院和家庭之间是没有连接的，人们想看病的话就需要到医院挂号找大夫，但**如果医院的数字镜像与家庭的数字镜像连接起来呢**？大夫就可以在医院以远程医疗的形式，隔空给身在家庭里的病人看病，彼此通过 AR 技术进行病情交流，一条简单的网络神经连接就解决了看病的大麻烦，尤其对于很多行动不便的老年人来讲，这简直就是他们的福音。

我们沿着这个思路再想下面几个例子：

① **如果把学校的数字镜像和家庭的数字镜像连接起来，又会如何呢**？遇到极端天气，孩子就可以不用跑去学校上学了，教师在家里就能完成授课，孩子在家里也能完成学习。

② **如果把公司的数字镜像和家庭的数字镜像连接起来呢**？员工就可以在家里和同事一起开会、办公了，甚至也可以在家里和客户“面对面”交流了。

③ **如果把医院的数字镜像和工厂的数字镜像连接起来呢**？医院就可以第一时间知悉工厂发生了安全事故情况，第一时间派出救护车，第一时间调配医务人员进行手术准备，根本不需要拨打 120 等浪费宝贵时间。

……

其实，如果我们发挥足够的商业想象力，会发现类似的例子还有很多。原来在传统商业中很多存在极大障碍的情景，未来的数智经济通过在“数字镜像”之间建立起简单的神经网络联系，那些现在看来很棘手的问题届时都可以迎刃而解。

2020 年开始，虚拟世界里逐渐产生出数以亿计的“镜像生产力”（数以亿计的肥皂泡），这些“镜像生产力”（肥皂泡）之间如何连接将会产生出无数种可能，而每一种可能背后都是一个潜在的商业机会，**把学校的“数字镜像”跟空间站的“数字镜像”连接起来，孩子就可以亲临浩瀚宇宙，把养**

老院的“数字镜像”跟海底探测器连接起来，老人们就可以探索海洋奥秘，这些事情在现实的物理世界里是奢望，但在虚拟的镜像世界里是平常。

可见，比拥有镜像生产力更重要的，是如何用好镜像生产力，未来在各种数字镜像之间建立起连接，就是数智经济中的企业所要提供的服务，也是它们所要寻觅的商机。

传统经济是硬商业，彼此用骨骼关节相连；数智经济是软商业，彼此用神经网络相连。在一个由数字镜像构成的软商业环境中，神经网络让各商业主体彼此相互触摸和相互操控，没有什么事情会被物理空间或商业边界完全割裂，医院镜像和家庭镜像之间可以交流，工厂镜像和用户镜像之间也可以沟通，就像我们人和人之间握手、拥抱一样简单。

第五章
运维数字大脑：以看不见的脑重建物联网“数字市场”

市场经济被一只“看不见的手”控制着，数智经济则被无数个“看不见的脑”控制着。

“看不见的手”是一只反应迟缓的手，供给和需求常常出现时间和空间的错配，错配之后产生生产过剩或不足，看不见的手就会出手进行调节，市场中处处都是反应迟缓的商业链条。

“看不见的脑”则是一个反应敏捷的脑，供给和需求被无缝衔接起来，原来跨时空的供需错配造成的市场波动被看不见的脑抹平，市场中处处都是即时响应的商业链条。

所以，数智经济之所以优于传统经济，就在于数字市场中有无数个“看不见的脑”会进行即时的市场供需调节，“算力”时刻不停地在网络空间的各个节点上运行，这使得供需调节时时刻刻都在发生，而且就像“电”一样的敏捷，无论供需波动发生在哪个角落里，都能被“看不见的脑”进行即时的调控，就像我们的大脑控制我们身上的神经末梢一样。

可以预见，未来数智经济中将会广布“看不见的脑”，即时的供需调节将会变成智慧商业体的标配，很多企业都会因此受益，其好处主要在于：一是它可以显著消灭库存；二是它可以加速要素流动；三是改善用户服务体验，个性化和实时地满足用户需求。

因此，通往互联网智慧商业的第五条路径就是——在数智网络中运维“看不见的脑”，从根本上解决市场的供需错配问题，解决产业链的运行效率问题，以及解决用户对实时需求的体验难题。

其实，企业运维“看不见的脑”，作用非常广泛，并不限于解决宏观的市场供需错配难题，还能够解决其他很多微观层面的问题。如果从微观层面来对数智经济中的“看不见的脑”进行分类，可以分为很多种类型，这里就举一些案例作为参考：

第一类是能够执行用户指令的数字大脑。典型代表是汽车大脑（自动驾驶）、家庭大脑（智能家居），特点是可以理解用户下达指令，并帮助用户智能化地执行相应指令，把人类从繁重的执行类工作中解放出来，尤其对于一些复杂环境下的机械作业，如果可以实现人们下达指令进行远程操控，可以显著减少人员伤亡。

第二类是能够响应用户需求的数字大脑。典型代表是爱彼迎、找钢网等可以提供供需即时对接的云平台，以及工业 4.0、智能制造等可以进行个性化定制生产的智慧工厂平台，特点是可以即时响应用户的需求，为用户需求匹配最佳供给，可以极大地帮助用户提升体验和俭省时间成本。

第三类是可以进行辅助决策的数字大脑。典型代表是 AI 医生、AI 律师等，特点是可以辅助人类进行分析决策，替代人类的一部分脑力工作，提供最佳的决策建议，在一定程度上实现人脑的解放，减少可能的工作误判。

第四类是可以优化管理调度的数字大脑。典型代表是交通大脑、人工智能私人秘书，人类很多的工作其实都是管理工作，就是如何进行调度、指挥提升运行效率，比如交警每天都在路面上管理交通，如果把这些管理工作给到城市的交通大脑会更得心应手，港口的货物运输管理交给“港口大脑”会更井井有条，我们个人每天要处理的事情繁多，很容易忘事、误事，如果交给人工智能私人助理提醒我们，同时帮助处理一些骚扰电话，个人的管理效率也会好很多。

第五类是可以进行预测预警的数字大脑。典型代表是气象大脑、安防大脑，气象大脑对于预测预防洪水、火灾等自然灾害，减少作业损失有很大帮助，安防大脑更是关乎人民生命财产安全，可以对相关危害进行提前预警。

第六类是可以进行全生命周期作业管理的数字大脑。典型代表是农业大脑，农业养殖是一个全生命周期的作业，任何一个时间节点上出现疏漏，都可能会导致农业减产。

第七类是可以与人类进行无障碍交流的数字大脑。典型代表是对话机器人、知识助理、情感 AI。人们掌握的知识是有限的，人们的认知能力也受到时间、大脑记忆等多种因素的限制，所以知识助理可以有效帮助人们提升解决问题的效率；对话机器人则可以充当非常好的客服角色，提供更好的服务指引。

第六章

成为开放个体：走出闭合空间做双螺旋世界的“开放智能体”

数智经济是一个“双螺旋”的世界体系。

在双螺旋的一边，是机械运转的硬件，双螺旋的另一边，则是生物运转的软件，软硬件两者要高度互补、合二为一地创造智慧商业的新价值，就如同两条 RNA 合璧成为一条 DNA 衍生新生命一样。

传统企业一般只专注于“硬件”的生产，但新兴企业还必须考虑给硬件匹配“软件”，否则硬件就无法智慧地连接起来。所以，**传统企业必须要开放属于自己的这条 RNA，让另一条软件的 RNA 顺利接入进来，从而完成向软硬结合“开放智能体”的进化**，才能够真正融入到数智经济之中。

以房地产行业为例，传统的房地产公司只负责钢筋、水泥和水电燃气等物理结构的建设，供给的是纯硬件的楼盘。但在数智经济里，房地产公司除了建设钢筋水泥等“硬件”结构外，还要负责把楼盘的“软件”也一并建设起来，把大量的传感器、芯片以及采集和处理数据的 IoT 设备布设在钢筋水泥里，将楼体建设成集智慧停车、智能安防、智慧能源和智能灾害监测等于一身的“智慧楼宇”，我们把能够建设智慧楼宇的房地产公司称为“开放智能体”。

所谓“开放智能体”，其实就是企业从过去的只专注生产硬件，变成软件和硬件“两手都要抓，两手都要硬”的新兴智慧商业体。可以说，**开放智能体是数智经济中的基本供给单元**，它们为数智经济提供 IoT 相关的软硬件服务，未来数智经济的大厦就是由一个个“开放智能体”生产的软硬件搭建起来的。

“开放智能体”适用于任何从事传统“硬件”生产的企业，包括家电制造、汽车制造、飞机制造、轮船制造、公路桥梁基建、现代农场建设等，这些领域的传统企业必须走出建设纯硬件的闭合空间，寻找到跟自身硬件相匹配的软件 RNA 进行合璧。

因此，走出闭合空间，做双螺旋世界体系下的“开放智能体”，就是企业通往互联网智慧商业的第六条路径，这是所有从事“硬件”生产的企业必须面对的数智经济转型难题，哪怕企业只是生产一块砖、一片瓦，也需要考虑这块砖或瓦要不要植入 IoT 的传感器、芯片和操作系统，因为智能建筑可能会需要这块砖或瓦来感知环境的温度、湿度或震动。

说到向“开放智能体”进化，就必须要谈一谈海尔，这家公司正在主动迎接数智网络的挑战，它已经不再是一家纯做“家电硬件”的公司，而是一家做“智能场景”的公司。

2019 年底，海尔在三十周年之际推出了全新的“海尔智家 App”，目标是打造亿万家庭的智慧生活入口，从设计一个智慧家、建设一个智慧家到服务一个智慧家，海尔想要提供全流程的智慧生活服务。可以说，海尔现在正在转型寻找的，就是能够与自身“硬件 RNA”相匹配的另一条“软件 RNA”，让每一个家庭都能借由海尔步入智慧家庭。

从“数字经济”发展到“数智经济”，背后是商业环境的一场剧烈变化和商业物种的一次大灭绝，尽快适应崭新的双螺旋世界体系是企业的唯一选择，传统企业必须软硬结合进化为新的商业物种——成为拥有软硬件结合的“开放智能体”，才能在这一轮惨烈的环境变化和物种灭绝中存活下来。

第七章

接入数智世界：虫洞穿越融入无限智联的“商业基础设施 2.0”

人类一直幻想着能够实现“时空穿越”，一窥远古的或未来的文明世界。

伟大的物理学家们用理论预言了“虫洞（爱因斯坦－罗森桥）”可能真的存在，借助“虫洞”将婴儿宇宙和平行宇宙连接起来，人们就可以在不同的时空里进行穿梭。但截至现在，人类并没有发现任何直接的证据，表明“虫洞（爱因斯坦－罗森桥）”真的存在。

对于人类文明而言，不能在现实的物理世界中进行“虫洞”穿越，可以说是一大遗憾。

但有意思的是，数智经济弥补了人类的这个缺憾，数智经济里充斥着各种可供低阶商业文明穿越到高阶商业文明的“虫洞”，那些没有智慧化能力的商业体，也可以借助“虫洞”来享有智慧。

在虚拟的数智网络空间中，“商业基础设施 2.0”就充当了智慧商业全链对接的桥梁，为每一个人、每一个商业体预留了可以穿越到高阶商业文明的时空隧道。

简单来说，每一个处在传统经济中的人或商业体，只要接入了“商业基础设施 2.0”，就能够实现虫洞穿越，变成一个可以在互联网智慧商业世界里生存的“智慧商业体”，成为帮助数智经济智慧化运行的一个有机组成部分。

在商业向心力实践版《末端爆发》一书中，我给商业基础设施 2.0 作了如下定义：

商业基础设施 2.0 是基于“连接”和“数据”这两大运行逻辑，解决底层商业运行中“我是谁，我从哪里来，我要到哪里去”三大商业哲学问题的新兴互联网商业基础设施的总称。相比传统商业基础设施，商业基础设施 2.0 是更智慧化的商业基础设施。

商业基础设施 2.0 的典型特征，就是经由便捷连接和海量数据处理的作用，赋予新兴商业体以商业的“末端触摸、末端对接和末端爆发”能力，从而帮助商业体实现即时的商业响应和无缝供需对接的目标。

各种“商业基础设施 2.0”可以说是智慧商业世界里的桥梁和纽带，它们就像是“虫洞”一样，让低维的传统商业要素可以穿越到高维的数智商业世界，它们一边串联着拥有大数据、云计算、边缘计算、AI 等智慧化能力的新兴商业文明，另一边串联着由海量个人用户、中小商家、传统商业体等构成的传统商业文明。

比如，对于一家报社来说，新华社推出的“媒体大脑”就是一个“虫洞”，它能够帮助报社实现从低维到高维的“时空穿越”，只要简单接入到新华社“媒体大脑”，报社就变成了可以进行智慧化新闻采编的智慧媒体。

因此，借助数智经济中的“虫洞”——商业基础设施 2.0，实现从低维商业文明向高维商业文明的穿越，是传统商业体通往互联网智慧商业的第七条路径。

后　记

总有一种视角，让我们窥见未来

天文学家们，一心想知道世界的模样；

所以，他们就用望远镜拼命地向远处看；

可惜，人类用望远镜看到的，都是“过去”的模样。

经济学家们，很少预测未来经济的荣枯；

因为，他们测不准，也怕被打脸；

否则，经济学家早就成为股神了。

可见，每个人都是画地为牢的，限于自己的认知做事情；

因此，想象力是一种莫大的“智慧”；

最高阶的智慧不是知识，是人类的想象力。

未来的互联网智慧商业是什么样子的？

我苦思冥想，只找到一种可以窥见未来的视角，就是“想象力”的视角。

我想象着，从未来穿越而来，给世界带来一个互联网商业未来的答案：

那将是一个比特流动的混沌世界，人们需要将自己充分“液化”，才能融入数智经济的未来；

那将是一个群体涌现的生态世界，人们需要找到适合栖息的“鲸落”，才能共创智慧商业的价值；

那将是一个人机连接的智慧世界，人们需要融合生长在体外的“超脑”，才能升级人类羸弱的生产力。

我在穿越中失去了大量记忆，只模糊地记住了液化、涌现、连接。

人们现在就需要为进入这样的世界做充分准备。

何为液化？何为涌现？何为连接？

凡所见之物，都会液化，因为液化就是生命最初的来源，也将是世界最终的归处。

凡所生之念，皆为涌现，因为涌现就是智慧最初的模样，也将是智能最终的宿命。

凡所存之命，皆为连接，因为连接就是神经最初的肌理，也将是社会最终的皈依。

液化，是涌现的前提；涌现，是智慧的模样；连接，是人类的宿命。

沿着这三个彼此纠缠的轨道前行，人类就能驶入一个超智能社会。

撂下这些话，我终于完成了一次耗尽脑细胞的穿越。

我有点懊恼，自己像是一名糟糕的抽象派画师，寥寥几笔，把未来画成了苗条的样子。

关于商业向心力实验室

商业向心力实验室专注于互联网智慧商业的理论创新及趋势研究，重点研究方向包括新社交时代的公共关系管理、新经济时代的企业管理变革以及资产轻量化背景下的企业商业向心力构建，《数智经济》是商业向心力实验室着眼于中国经济从“数字经济（移动互联网 + 大数据 + 云计算）”向“数智经济（5G+AI+ 物联网）”跃迁式升级的大背景，而完成的现代企业数智化转型升级、数智化生存竞争的指导性书籍。

读者意见反馈表

亲爱的读者：

感谢您对中国铁道出版社有限公司的支持，您的建议是我们不断改进工作的信息来源，您的需求是我们不断开拓创新的基础。为了更好地服务读者，出版更多的精品图书，希望您能在百忙之中抽出时间填写这份意见反馈表发给我们。随书纸制表格请在填好后剪下寄到：北京市西城区右安门西街8号中国铁道出版社有限公司大众出版中心 巨凤 收（邮编：100054）。此外，读者也可以直接通过电子邮件把意见反馈给我们，E-mail地址是：393495504@qq.com。我们将选出意见中肯的热心读者，赠送本社的其他图书作为奖励。同时，我们将充分考虑您的意见和建议，并尽可能地给您满意的答复。谢谢！

所购书名： ________________

个人资料：

姓名：__________ 性别：__________ 年龄：__________ 文化程度：__________

职业：__________ 电话：__________ E-mail：__________

通信地址：______________________ 邮编：__________

您是如何得知本书的：

□书店宣传 □网络宣传 □展会促销 □出版社图书目录 □老师指定 □杂志、报纸等的介绍 □别人推荐

□其他（请指明）______________________

您从何处得到本书的：

□书店 □邮购 □商场、超市等卖场 □图书销售的网站 □培训学校 □其他

影响您购买本书的因素（可多选）：

□内容实用 □价格合理 □装帧设计精美 □带多媒体教学光盘 □优惠促销 □书评广告 □出版社知名度

□作者名气 □工作、生活和学习的需要 □其他

您对本书封面设计的满意程度：

□很满意 □比较满意 □一般 □不满意 □改进建议

您对本书的总体满意程度：

从文字的角度 □很满意 □比较满意 □一般 □不满意

从技术的角度 □很满意 □比较满意 □一般 □不满意

您希望书中图的比例是多少：

□少量的图片辅以大量的文字 □图文比例相当 □大量的图片辅以少量的文字

您希望本书的定价是多少：

本书最令您满意的是：

1.

2.

您在使用本书时遇到哪些困难：

1.

2.

您希望本书在哪些方面进行改进：

1.

2.

您需要购买哪些方面的图书？对我社现有图书有什么好的建议？

您更喜欢阅读哪些类型和层次的经管类书籍（可多选）？

□入门类 □精通类 □综合类 □问答类 □图解类 □查询手册类 □实例教程类

您在学习计算机的过程中有什么困难？

您的其他要求：